Ludwig Ganghofer

Johann Fischart und seine Verdeutschung des Rabelais

Ludwig Ganghofer

Johann Fischart und seine Verdeutschung des Rabelais

ISBN/EAN: 9783743432352

Hergestellt in Europa, USA, Kanada, Australien, Japan

Cover: Foto ©ninafisch / pixelio.de

Weitere Bücher finden Sie auf **www.hansebooks.com**

Johann Fischart

und

seine Verdeutschung des Rabelais

von

Ludwig Ganghofer.

München.
Theodor Ackermann,
Königlicher Hofbuchhändler.
1881.

Druck der F. C. Kremer'schen Buchdruckerei (A. Manz) in Augsburg.

„**Fischart** hat bei uns noch bei weitem nicht das Ansehen gefunden, dessen sich der in Frankreich auch weit mehr gepriesene, als gelesene **Rabelais** bei seiner Nation erfreut, wiewohl Fischart von höherem geistigen Range ist, als **Rabelais**."

Es sind zwar nahe an dreißig Jahre verflossen, seitdem **Vilmar** (in Ersch und Gruber's Encyklopädie, Art. Fischart) diese nur zu wahre Behauptung niederschrieb; und wenn auch in dieser Frist so Manches für die reichlich verdiente Würdigung Fischarts geschehen ist, so hat der obige Satz doch immer noch nicht seine Giltigkeit verloren. Das Lob Fischarts füllt zwar eine lange Reihe von Seiten in unserer Literaturgeschichte, aber wer sie alle gelesen, und mit dem Gegenstande ihres Urtheils, mehr aber noch unter sich selbst verglichen hat, muß unwillkürlich wieder an einen Satz Vilmars denken, und ihm nur zu sehr Recht geben, wenn er darin sagt, daß Fischart jedenfalls mehr genannt, vielleicht auch gerühmt, als gelesen und verstanden werde.

Wenn man Urtheile über Fischart zu lesen findet, denen man an jeder Zeile ansehen muß, daß die Kenntnis des Schreibenden im guten Falle nicht über den Titel, im besseren kaum über ein paar folgende Blätter einzelner Werke hinausreicht, so möchte man ein Gefühl des Unbehagens nicht unterdrücken können, müßte man nicht dagegen halten, durch wie vielerlei Umstände die Kenntnis Fischarts, also auch ein richtiges Verständnis seines wahren Wertes erschwert ist.

Fischart ist allzulange in Vergessenheit gelegen; mag dies nun der Charakter des auf ihn folgenden Jahrhunderts als natürliche Folge mit sich

gebracht haben, oder mag es theilweise in der Schuld einzelner Männer
gelegen sein, für welche die eigene Eitelkeit Grundes genug war, den Meister
zu verläugnen, von dem sie bewußt oder unbewußt gelernt hatten — ob
das eine oder das andere von größerer Tragweite war, das bringt für die
Thatsache weder Entschuldigung noch Ersatz.

Bei einer großen Anzahl von dichterischen Werken, deren Entstehungs-
zeit und eigene Natur unserem Fühlen und Denken noch weit entfernter
liegt, als die Zeit und der Charakter Fischarts, hat die ununterbrochene
Kenntnis derselben durch alle folgenden Jahrhunderte für das Verständnis
des jetzigen Lesers eine gleichmäßig ansteigende Bahn geschaffen. Von Fischart
aber trennt uns, wenn ich das begonnene Bild in seinem Sinne fortführen
darf, eine breite Kluft, zu deren allmähliger Ueberbrückung schon mancher
sorgsam behauene Stein herbeigetragen wurde, aber auch noch so mancher
nötig sein wird. Diese Kluft auf einmal zu überschreiten, war für einen
Einzigen in früheren Jahren an und für sich eine unüberwindliche Aufgabe
und muß auch jetzt noch eine solche genannt werden.

Zwei Männer, H. G. v. Bretschneider und K. H. G. v. Meusebach, welche diese Aufgabe für sich zu einem Lebensziele gemacht, mußten
trotz Fleiß und ernstem Willen mitten auf dem Wege stehen bleiben, der
eine entmutigt theils durch die unüberwindliche Fülle der Arbeit, theils
durch unberufene, verständnislose Kritik seines Unternehmens; der andere,
weil die nutzbare Zeit eines Menschenalters zur Lösung der gestellten Aufgabe nicht ausreichend war.

So redlich und rühmenswert Meusebach's Absicht gewesen sein mag,
nur mit einer vollkommen vollendeten und allen Ansprüchen völlig genügenden
Arbeit über Fischart hervorzutreten, so muß doch gerade hierin der beklagens-
werte Grund gesucht werden, daß die Frucht von Meusebachs langjähriger
Forschung und der Lohn seiner unermüdlichen Thätigkeit im Dienste der
Wiederherstellung Fischarts für die Literaturgeschichte fast gänzlich verloren gingen.

Er hatte allerdings Recht, wenn er in seiner Recension über Halling's
Herausgabe des glückhaften Schiffes sagte: wer über Fischart schreiben will,
müsse mehr gethan als nur in ihm geblättert haben. Wollte aber jeder
Einzelne, der sich mit Fischart beschäftigt, dieses Wort in dem weittragenden
Sinne auffassen, in dem es gesprochen wurde, so möchte er die Förderung
der eigenen Arbeit und die Erreichung des Gesammtzweckes von einer Menge
aller möglichen Zufälligkeiten abhängig machen. Es ist zwar richtig, daß
jede Detailarbeit über Fischart immer mehr oder weniger an Einseitigkeit
und Unvollständigkeit leiden muß; sobald aber durch eine derartige Arbeits-

theilung eine hinreichende Anzahl wenn auch offener Glieder geschaffen ist, so werden sie von einer kräftigen Hand leicht zur Kette geschlossen.

Vilmar in seinen „Vorlesungen über Nationalliteratur" und in Ersch und Gruber's Encyklopädie, Art. Fischart, Gervinus in seiner „Geschichte der deutschen Dichtung" und Kurz in „Deutsche Dichter und Prosaisten" haben über Fischart Aufsätze geliefert, welche für Arbeiten über dessen einzelne Werke eine vollkommen hinreichende Grundlage bilden. Vilmar selbst machte in der Reihe derselben den Anfang, als er 1846 im Programme des Marburger Gymnasiums die Reimstücke des „Reveille Matin", die „Anmanung zu christlicher Kinderzucht" und die „Ermanung an die Bund Bäpstler" veröffentlichte; Hallings Herausgabe des glückhaften Schiffes, welche schon 1828 erfolgt war, also der Zeit nach den Anfang bilden würde, kann in Anbetracht der Art, wie sie geschah, und ihrer in vieler Hinsicht unsicheren Grundlage nicht hieher gerechnet werden. Später gab Vilmar der zweiten Auflage seiner Schrift (Zur Literatur Johann Fischarts, Frkf. a/M. 1865) einen Artikel „Zur Literatur des Bienenkorbes" bei und weitere, höchst bemerkenswerte Notizen über Literatur und Orthographie Fischarts.

Der Abdruck einzelner Werke Fischarts in Scheible's Sammelwerk „das Kloster" (1848) kann gerade kein Verdienst genannt werden, wenn er auch, ebenso wie die 1849 erfolgte Herausgabe von Fischarts geistlichen Liedern (durch Zacher und Below) eine weitere Verbreitung der betreffenden, meist schwer zugänglichen Werke Fischarts bewirkte.

Willkommen in jeder Hinsicht war es, als 1866 Heinrich Kurz im 8.—10. Bande seiner deutschen Bibliothek eine mit eingehenden Erörterungen versehene Herausgabe von Fischarts sämmtlichen Dichtungen veranstaltete, wodurch die Kenntnis Fischarts in der weitgehendsten Weise gefördert wurde.

Die gleiche Liebe und Sorgfalt, wie in dieser Arbeit, bekundet sich auch in dem 1870 erschienenen Werke Wilhelm Wackernagels „Johann Fischart von Strassburg", das, abgesehen von der großen Zahl höchst interessanter Noten, sich mit dem Beweise befasst, daß Fischarts erste Bearbeitung des Gargantua in Basel erfolgt sei, sowie Fischarts Verhältnis zu Sebastian Brant beleuchtet.

Theodor Kessemeier lieferte 1877 eine Arbeit über den Bienenkorb und den Catalogus Catalogorum; und um zu schliessen, erwähne ich noch Emil Wellers schon früher erfolgte Herausgabe einiger „Originalpoesien Fischarts."

Möge nun die vorliegende Schrift ein neues Glied bilden in der Reihe der Detailarbeiten über Fischart, welche der vollständigen Kenntnis und einem umfassenden Verständnisse dieses merkwürdigen Schriftstellers vorarbeiten. Vilmar sagt in dem oben angeführten Aufsatze, daß über Fischarts Verhältnis zu Rabelais nur eine spezielle Arbeit Aufschluß bieten könne. In dieser Art soll das Vorliegende auch nur eine ganz spezielle Arbeit sein, und ich mußte mir, da es so unendlich viel über Fischart zu bemerken und anzudeuten gibt, in mancher Hinsicht einen Zwang auflegen, um streng beim Gegenstande zu bleiben.

Wenn ich zum Schlusse dieser einleitenden Worte noch auf die Liebe und Verehrung hinweise, die sich stets eines Jeden bemächtigt hat, der tiefer in diesen Dichter eingedrungen ist, dann wird man auch mir so manches mehr als warme Wort zu gute halten, das in einer wissenschaftlichen Arbeit eigentlich nicht so ganz am Platze ist.

Der Verfasser.

Zu drei verschiedenen Werken hat Fischart bei Rabelais Anregung und Stoff gefunden:

1) zu seiner „**Geschichtschrift vom Leben der Helden Grandgusier, Gargantua ꝛc.**" in *la vie treshorrificque du grand Gargantua etc.*, dem ersten Buche von Rabelais' Roman;

2) zu „**Aller Praktik Großmutter**" in Rabelais' *Pantagrueline prognostication* und

3) zum „*Catalogus Catalogorum perpetuo durabilis*" im siebenten Kapitel (*des beaulx livres de la librairie de Sainct Victor*) des zweiten Buches von Rabelais' Roman.

Es ist jedoch das Verhältnis dieser beiden letzteren Schriften Fischarts zu dem erstgenannten Werke ein derartiges, daß es für den Zweck der hier gestellten Aufgabe vollkommen genügend erscheint, wenn bei der Beurtheilung der geistigen Verschiedenheit oder Uebereinstimmung zwischen Fischart und Rabelais das Hauptgewicht nur auf das Verhältnis des deutschen Gargantua zum französischen gelegt wird. Natürlich stellte sich gleich bei Beginn der Arbeit die Frage auf, an welchen Ausgaben der beiden Werke der Vergleich durchgeführt werden sollte. Wenn man auch nicht immer der Ansicht beipflichten kann, die jedes Werk eines jeden Schriftstellers in der Form beurtheilt wissen will, welche ihm die eigene Hand des Verfassers als die letzte ertheilt hat, so muß man doch in Bezug auf Fischart dieser Meinung beitreten, da dessen poetische Kraft, dessen Verständnis für das sociale, religiöse und politische Leben vom Beginne seiner schriftstellerischen Laufbahn bis an sein nur allzu früh erfolgtes Ableben in ununterbrochenem Steigen begriffen war. Zufolge dieser Thatsache hätte die Ausgabe vom Jahre 1590 dem hier durchgeführten Vergleiche zu Grunde liegen müssen; leider stand dem Verfasser nur jene von 1594 zu Gebote, welche übrigens, abgesehen von einigen Druckfehlern, keine textliche Verschiedenheit mit der vorhergehenden Ausgabe aufweisen, sondern vielmehr ein möglichst getreuer Abdruck der Ausgabe von 1590 sein soll, so daß selbst die Eintheilung von Seite zu Seite, von Zeile zu Zeile durchaus stimmt.

Bei einem Vergleich der Ausgaben von 1575 und 1594 finden sich in der letzteren allerdings Umänderungen und Erweiterungen im Texte, welche der Geschmak des heutigen Lesers lieber vermissen würde; aber man darf sich bei einer Beurtheilung Fischarts eben nicht auf den heutigen Standpunkt, sondern man muß sich in den Rahmen von des Dichters eigener Zeit stellen.

Was nun den französischen Text betrifft, so war der Mangel an Material*), der die Wahl des Verfassers beschränkte, verhältnismäßig noch beträchtlicher; es wurde deshalb eine moderne Ausgabe zum Vergleiche herangezogen und zwar diejenige von Esmangart und Eloi Johanneau, welche immer noch für die beste Ausgabe Rabelais' gelten muß, wenigstens an Umfang des Commentars nichts zu wünschen übrig läßt.

Natürlich kann keine Rede davon sein, hier einen Wort für Wort peinlichen Vergleich vom ersten bis zum letzten Kapitel wiederzugeben. Es wird für den Zweck dieser Schrift ein Vergleich genügen, der, vielleicht für die ersten zehn Kapitel (Rabelais') durchgeführt, sich zudem mehr mit dem inneren, geistigen, als mit dem sprachlich formellen Unterschiede der beiden Texte befaßt. Allerdings ist nicht zu läugnen, daß auf diese Weise Fischart etwas in den Vortheil gerückt wird, da die erste Hälfte seines Werkes eine ungleich größere Lust in der Ausarbeitung und eine ungleich bedeutendere Erweiterung des Vorbildes bekundet. Doch wird sich im Verlaufe der Abhandlung der Ort finden, diesen theilweise nur scheinbaren Vortheil auf sein richtiges Maß zurückzuführen.

Bevor die aus dem Textvergleiche gewonnenen Thatsachen zu ihrer richtigen Würdigung zusammengestellt würden, hielt es der Verfasser für angezeigt, in einem eigenen Abschnitte Untersuchungen darüber anzustellen, in welcher Weise bis jetzt das Verhältnis zwischen Fischart und Rabelais beurtheilt wurde. Somit spaltet sich das Ganze in drei Theile, welche aber, wie es schon in der Natur der Sache liegt, nicht streng von einander geschieden sein können, sondern bald da, bald dort in einander übergreifen müssen.

---

*) Wenn es überhaupt als notwendig erachtet worden wäre, den deutschen Text mit einer französischen Originalausgabe zu vergleichen, so hätte ein derartiger Vergleich natürlich nur dann Bedeutung gewinnen können, wenn er gerade mit jener Ausgabe durchgeführt worden wäre, welche Fischart selbst bei seiner Bearbeitung benützte. Die Beantwortung der Frage jedoch, welches diese Ausgabe war, ist zu spezieller Natur und hätte von dem eigentlichen Zwecke der vorliegenden Arbeit zu weit abgeführt, ohne dafür dem Interesse derselben nur den geringsten Nutzen zu bieten. Aus einzelnen Thatsachen zu urtheilen, welche dem Verfasser im Verlaufe der Arbeit von selbst aufstießen, dürfte es am allerwahrscheinlichsten sein, daß Fischart eine der nach Rabelais' Tode zu Lyon erschienenen Gesammtausgaben benützte, welcher die *Pantagrueline prognostication* beigedruckt war.

I. Abschnitt.

Textvergleich der zehn ersten Kapitel in Rabelais' mit den entsprechenden in Fischarts Gargantua.

Schon das Erste[1]), womit sich unser Vergleich zu beschäftigen hat, gibt ein annäherndes Bild, in welchem Verhältnisse Fischart erweitert. Aus den zehn Versen des Rabelais „*aux lecteurs*" sind bei Fischart 36 geworden, obwohl er eigentlich nur drei Verse übernommen hat, nämlich 8, 9 und 10 (bei ihm entsprechend 1, 2 — 15, 16 — 17, 18). Wenn wir diese auffallende Platzveränderung weiter untersuchen, so ergibt sich die Wahrnehmung, daß Fischart den ganzen Gedankengang Rabelais' umgekehrt, aber auch veredelt hat. Der letztere bittet den Leser, harmlos an die Lektüre seines Buches zu gehen, so harmlos, wie es selbst ist. Erheitern soll es, und wenn es dies vermag, so hat es seinen besten Zweck erfüllt, denn, meint Rabelais

(⁸)   *Voyant le ducil qui vous mine et consomme,*
(⁹)   *Mieulx est de ris que de larmes escripre:*
(¹⁰) *Pour ce que rire est le propre de l'homme!*

Was kann der Mensch besseres thun, als lachen?

---

[1]) Was den Titel betrifft, so kann in Betracht seiner Beschaffenheit von einem Vergleiche nicht die Rede sein; zudem zeigt der deutsche Titel gerade die größte, allerdings noch lange nicht Uebereinstimmung zu nennende Aehnlichkeit mit dem Titel jener französischen Ausgaben, welche Fischart nicht benützt haben kann; nämlich der Ausgaben von 1541 u. 42.: *Grands annales ou cronicques tres veritables des gestes merveilleux du grand Gargantua et Pantagruel, son filz Roy des Dipsodes etc.* In der Bearbeitung Fischarts finden sich nämlich mehrere Stellen, welche diesen Ausgaben fehlen, in späteren aber vorhanden sind, z. B. Rab. XX *En quoy par eulx estoyent Democrite heraclitisant et Heraclite democritisant representé.* — Fisch. XXIII Damit sie sein augenscheinlich den Heraklisierenden Demokritum und den Demokrysierenden Heraklitum anmaßeten.

Es ist möglich, daß Rabelais hier zwischen die Zeilen hinein eine großartige humane Absicht legte — und wenn halb Frankreich es glaubt, dann wird es ja wohl auch so sein.

Fischart aber hat diese Absicht **ausgesprochen**, mit klaren, ernsten Worten. Hören wir, wie er spricht:

R. 8, { (¹) **Demnach ich sah | wie ihr euch naget**
(²) **Alltag mit kommer frett vnd plaget |**
(³) **Meint ich ein guten dienst zu thun**
(⁴) **Wann ich euch dauon abhülff nun |**
(⁵) **Vnd vorkäm etwan grösserm vbel....**

Da die Fröhlichkeit ein wirksames Heilmittel ist für die Leiden des Herzens und der Seele,

R. 9, { (¹⁵) **So hab ich so mär wollen schreiben**
(¹⁶) **Von lachen | alß vil weinens treiben:**

R. 10, { (¹⁷) **Bedacht | das lachen in all krafft**
(¹⁸) **Ist deß Menschens recht eygenschafft.**

Lacht über diesem Buche, und je mehr ihr lacht, desto besser, denn dieses Lachen

(²³) **... schmiert mit Honig euch das Glaß**
(²⁴) **Daß der Wärmut eingang deß baß.**

Kann man noch deutlicher sprechen, als es hier geschehen ist? Rabelais beginnt mit Worten, deren Sinn lautet: Mein lieber Leser, strenge deinen Kopf nicht zu sehr an, und ärgere dich nicht; — Fischart aber schließt:

(³⁵) **... letz nun du frölichs Blut |**
(³⁶) **Ob es dir geb ein frischen muth.**

Ebenso deutlich spricht sich Fischart in der ihm vollständig eigenen prosaischen Vorrede aus, welche den Titel trägt: An alle **Klugkröpffige Nebelverkappte Nebel Nebuloner | Witzersauffte Gurgelhandthirer vnd vngepalirte Sinnversamerte Windmüllerische Dürstaller oder Pantagruelisten.**

Dieses Buch, so sagt er, hat den gleichen Zweck, wie jene Sitte bei den Spartanern, nach welcher man die Knechte trunken machte, um durch deren eckles Gebahren die Jugend vom Trunke abzuschrecken; es hat den gleichen Zweck, wie wenn die Eltern ihre Kinder mit auf die Richtstätte nehmen, um ihnen zu zeigen, wie der **Dieb** schwanenmässig zur letzt auf der leiter im selbs zu spat Galgenreulich thut.... Aber, so ruft Fischart aus, weil ich euch vnnd ewers gleichen **Vnfläter** vnflätig beschriben, muß ich darum selbst ein Vnflat sein, wie etliche **Wechselhirn schliessen?**

Man sieht, Fischart ist um seinen Ruf besorgt und theilweise wohl aus einem Grunde, den er später anführt. Er wußte, welche Vorwürfe die Welt gegen Rabelais erhoben hatte, und wenn er auch selbst meint, heilig ist er nit gewesen | darumb sorg ich deß weniger | daß man jn dafür anbett, so unternimmt er doch dessen Ehrenrettung, und sicherlich nicht aus dem einzigen Grunde, weil es zugleich seine eigene ist. Weitläufige Entschuldigungen bringt Fischart allerdings nicht, wenn er die Roheit ohne Schminke und Schleier vor die Lampen zieht; denn eine Handwerksregel der Satiriker lautet: wir dörffen nit kochen, was roh ist. Uebrigens meint er, wenn so manches ohrenzarte Frauenzimmerchen die hundert Novellen des Bocaz, des Jörg Widrams Rollwagenbüchlein und ähnliche saubere Büchereien ertragen kann, so wird das, was er da bietet, auch nicht zu viel sein.

Fischart kannte seine Leser, er wußte genau, welch' eine Kost man ihnen vorstellen mußte, damit der Wehrmut mundete. Deßhalb schrieb er so, wie er geschrieben hat und er erreichte seinen Zweck. Wenn auch mancher Leser mehr lachte als dachte, so pflegte es doch ohn nutz nicht abzugehen, denn die Kletten bleiben hängen, wenn man sie auch nicht sieht. Bei Rabelais scheint dies weniger der Fall gewesen zu sein, sonst hätte sicher nicht einer seiner größten Bewunderer geschrieben: Rabelais glich dem Prediger in der Wüste; man las sein Buch, lachte — und blieb, wie man war.

Prologe de l'autheur.

Ein und Vor Ritt | oder das Parat und Beraitschlag, in die Chronik vom Grandgoschier | Gurgellautnal und Pantadurstlingern.

Rabelais beginnt hier mit folgender Widmung: *Beuveurs tresillustres, et vous, verollez tresprecieux (car a vous, non a aultres sont dediez mes escriptz).* Diese beiden Anrufe geben für Fischart eine Veranlassung, seinen Leserkreis mit einer ganzen Litanei zu überschütten, welche die sehr wenig schmeichelhaften Titel aller erdentlichen Ungehörigkeiten, Laster und Unnatürlichkeiten in sich faßt. Trifft es den einen nicht, so trifft es den andern, aber wen es trifft, dem soll es das Hirn erstänbern.

Um den Leser zu ermahnen *ouvrir le livre, et soigneument peser ce quy est deduict,* führt Rabelais den Vergleich an, welchen Alcibiades in Platons Symposion zwischen Sokrates und *Silenes* zieht. Fischart übernimmt diesen Vergleich; aber in der Art, wie er ihn übernimmt und für seinen Zweck ausbildet, mag er von vorneherein als Beispiel dienen, wie Fischart durchgängig seine sogenannte „freie Uebersetzung" liefert.

Rabelais beschreibt die *Silenes* in folgender Weise: *Silenes estoyent jadis petites boytes, telles que voyons de present es bouticques des apothecaires, painctes au dessus de figures joyeuses et frivoles, comme de harpyes, satyres, oysons bridez, lievres cornuz, canes bastées, boucqs volans, cerfs lymonniers, et aultres telles poinctures contrefaictes a plaisir, pour exciter le monde a rire, quel feut Silene, maistre du bon Bacchus.*

Dafür liest man nun bei Fischart: Syleni | solt ihr mich verstehen | waren etwann die wundergestalte Grillische | Grubengrottefischische | fantästische Krüg | Läden | Büchssen vnd Häfen | wie wir sie heut in den Apoteken stehen sehen | von aussen bemalet mit lächerlichen | gecklichen | ja offt erschrecklichen Höw vnnd Grasteuffeln | wie sie auß Pandore büchs fligen | vnnd der Grillen Römischen Mülstiben | gesellen die im hafen schlecken | vnd haben die Kertz im hindern stecken | wie sie Dantes inn der fegfewrigen Höllen beschreibet | Jott vnnd Michelangel im Jüngsten gericht malen | Olaische Mitnächtige Meerwunder | wie sie einem zu mitternacht inn der Fronfasten | wann man zu vil Bonen ißt | vnd am rucken ligt | fürkommen | Guidische verformungen | … feut | wie Megasten | Solin | Franck vnd Munster inn jhren Cosmographien gegen Morenland vnnd Affrich versehen | …. Donnerköpff mit beuchen der Eßlingischen Jungfrawen im Hafenreff: Bemäntelt | bestebt dreifuß=gekrönte Widhopffen | die man mit liechtern besteckt | auff der Mistbären daher träget | wie zu Straßburg im Mönster bey dem Chor an der seulen stehen | …. Geschleiert Gäns auff Pantoffeln | beprillet vnd schulsackbehenkt Esel auff stelken | … Krebs | die im schlitten ziehen | darben der Spruch | Es geht wie es mag: gehörnecht Hasen | Menschen mit Krebsnasen | gesattelt Hund | fliegend Hechsenböck | reutend Hirtz | etc. etc. …. mit welchen dise Puluerkrämer Gafflent für Kauffleut an sich ziehen können | …. den Pauren die Mäuler auffsperren machen daß die Mägd den Korb vnd Zuber müssen nidersetzen | die Frawen die Kinder vergessen | vnd alles gesind wie zur Regenspurgischen Walfahrt zulauffen.

Oeffnete man aber diese Schachteln, so führt Rabelais den Vergleich fort, dann fand man sie angefüllt mit den herrlichsten Spezereien und Kostbarkeiten. Ebenso Sokrates: von Ansehen und Natur ungestaltet und mißfällig in jeder Hinsicht, in seinem Innern aber eine ungeahnte Fülle geistiger Schätze bergend.

In derselben Art führt auch Fischart den Vergleich weiter, wobei er die Beschreibung des Sokrates in ähnlicher, wenn auch nicht so drastischer

Weise uniformt, wie die der *Silenes*. Wir sehen dabei, wie Fischart einen übernommenen Gedanken durch ein einziges beigefügtes Wort, durch einen kleinen Zusatz scharf pointirt, oft aber auch auf solche Weise einen ganz harmlosen Ausdruck zum beißenden Witze steigert[1]); man vergleiche nur in der Schilderung des Socrates das *infortuné en femmes* des Rabelais mit der entsprechenden Stelle bei Fischart: zu Weibern (Aber villeicht nit zum Alcibiad) onglückhafftig.

Man muß sich hüten, auf Grund solcher Erweiterungen, wie wir sie oben gesehen, Fischart der Breite zu beschuldigen, denn er braucht diese Weitschweifigkeit, um, wie er selbst sagt, seinen Lesern den Stoff auff jren schlag greifflicher zu erklären.

Von einer Uebersetzung kann im Beginne der Arbeit überhaupt nicht gesprochen werden. Wenn Fischart auch wirklich versucht, sich da oder dort an den Text zu halten, es gelingt ihm kaum durch ein paar Zeilen; so heißt es z. B. bei Rabelais: *car vous mesmes dictes que l'habit ne faict poinct le moyne, et tel est vestu d'habit monachal qui au dedans n'est rien moins que moyne, et tel est vestu de cappe hespaignolle qui, en son*

---

[1]) Es muß natürlich hier, sowie in allen ähnlichen Fällen mit einer einmaligen Erwähnung der Thatsache genügen. Zu dieser Art von Feinheiten zählt besonders auch die Manier Fischarts, einen wörtlich übernommenen Gedanken durch einen eigenen Zusatz, den er meist in Form eines Vergleiches beifügt, in einer solchen Weise zu illustriren, daß durch die gelungenste wirkliche Zeichnung die fragliche Situation nicht besser veranschaulicht werden könnte, als es durch die aus einem solchen Vergleiche aufsteigende Vorstellung geschieht. Um von den vielen Beispielen nur ein paar sich zufällig bietende anzuführen, vgl. Rab. XI, Fisch. XIV. die Stelle *Il pissoyt sur ses souliers* mit auch verguldet er gern die Schuh | doch macht er damit keinen Goldschlager reich; ferner unter den Zusätzen Fischarts in diesem Kapitel: stecket die Mucken an einen höltzin spitz | wie die Weiber die Flöh an die Nadeln. — hast den Schulsack, wie schön er gmalt war | gleichwie die Meidlin bugern spinnen, wie hüpsch man euch die Kunkel mal. — was er sich .... ließ er ligen | und sah es alsbann an | wie ein Gaul | der den Karren hat umbgeworfen. — Rab. XVI. Fisch. XIX. *Il sera grand clere en temps advenir*: Er wird zukünftig noch ein gelehrter Kauz werden | wann er under die Stoßvögel kompt. — Rab. XXII. Fisch. XXV. *Luy, esceillé, secouoyt ung peu les aureilles*: Als er widerumb erwacht | schüttelt er ein wenig die Ohren | als het der Hund Enten im Wasser geholet. — Rab. XXVII. Fisch. XXX. *Et soubdain luy donnoyt dronos*: Und gleich drauff gab er jhm den segen, das er die Knie zum Maul zog. — Rab. XXXV. Fisch. XXXVIII. *Bon Joan tira ses heures de sa braguette, et cria assez hault: Hagios ho theon*: Don (sic!) Joan von Montecuculo zog alsbald sein Horasbüchlin auß dem Latz | oder ihm oberschäfflin gleich dabei | fieng an zwen Finger ins Maul zu stoßen | zu ätzen und zu bletteren und zimmlich laut zu schreien | Hagios ho theos! u. s. w.

couraige, nullement affiert a Hespaigne. Sehen wir bei Fischart: Ihr pfleget doch selber zu sagen | das Kleyd macht kein Mönch | vnd mancher ist verkappt inn ein Mönchskutt | trägt doch ein Mönch Jllsungischen Landßknechtmuth | mancher trägt ein Pfaffenschlappen | trüg billiger ein Reuterskappen vnd so geht es weiter in eigenmächtiger Fortführung des Gedankens. Doch gelangt Fischart in einem solchen Falle immer zu einem abrundenden Schlusse, den er entweder in einem kurzen, das Ganze zusammenfassenden Gedankenausspruche oder in einem glücklich angewandten Sprichworte findet, wie hier: Im langen Haar stechen auch Jechter.

Rabelais bittet nun seine Leser, sich durch die Form seines Buches nicht abschrecken zu lassen, sondern sorgfältig nach dem verborgenen Gedankenschatze zu suchen, gleichwie der Hund, der den Knochen zermalmt um das Mark zu saugen; alsdann, meint er, *en icelle bien aultre goust trouverez, et doctrine plus absconse, laquelle vous revelera de treshaultz sacremens et mysteres horrificques, tant en ce qui concerne nostre religion, que aussi l'estat politicq et vie oeconomicque.* Das ist allerdings ein Schlüssel, wenn auch ein ziemlich ungenauer zu seinem satirischen Kunststücke; aber er findet kein Wort, um auf die ersprießliche Wirkung hinzudeuten, welche die Erkenntniß „der geheimen Materien" auf den Leser ausüben möchte und müßte; vielleicht muß man das abermals zwischen den Zeilen suchen.

Fischart dagegen fühlt sich als Lehrer; die Menschen, die er belehren will, sind ihm seine liebe Kinder, denen es zuträglicher ist, scherklich ermant zu werden | als schmerklich, die er sein hinderschleychen und denen er das muß einstreichen will, eben wie eim Kind. In dieser Auffassung spricht er weiter, wenn er den Lesern zeigt, in welcher Weise nur sie aus ihm lernen könnten: durch genaw sorgfeltiges lesen | vnnd stätem vnauffhörlichem nachsinnen. Er ruft ihnen zu: Schlappart nit auff Chorherrich die Wort in euch | wie der Hund die sup | sondern kauet vnd wiederkauet so wie die Küh; dann werdet ihr auch den Kern finden, den ich in diese Schale gelegt habe, in gewisser Hoffnung, dadurch euch gantz trucken auß dem Bad außgezwagen vnnd abgeriben heimzufertigen. Diese schlichten, aber sicheren Worte bedürfen wahrhaftig keines Commentars.

Der Vergleich, welchen Rabelais zwischen Homer und dessen späteren Auslegern zieht, gibt Fischart Gelegenheit, mit klatschenden Geißelhieben über die zeitgenössische allegorisch mystische Schriftstellerei herzufallen, wobei er eine staunenswerte Belesenheit in der Literatur des Altertums wie der eigenen Zeit bekundet. Frischen ergötzlichen Humor zeigt die von ihm hier eingeschobene, an eine Stelle Rabelais anknüpfende Auslassung über die

Natur der Poeten; nur schade, daß sie von einer jener enblosen und auf die Spitze getriebenen Wort- und Reimspielereien unterbrochen ist, wie man sie öfters bei Fischart findet, und denen sicherlich auch der mit Fischart lebende Leser keinen Geschmack abgewinnen konnte. Es gäbe für dieselben nur die einzige Entschuldigung, die zudem auch nicht gar so ferne liegt: wenn Fischart hier das eigene Vorbild zum Gegenstande seines Spottes gemacht hätte.

Bei Rabelais schließt die Vorrede mit einer nicht besonders witzreichen, dialektischen Apostrophe an die Leser: *escoutaz, vietzdazes, que le maulubec vous trousque: vous soubvienne de boyre a my pour la pareille, et je vous pleigeray tout ares metys.* Fischart übernimmt diesen Schluß in bestmöglichster Uebertragung, aber erst, nachdem er wiederholt auf den Zweck seines Buches zurückgekommen ist, wobei er den Leser ermahnt, von dem Bilde im vorgehaltenen Spiegel auf sich selbst zurückzuschließen, denn *das best im danken ist | das man auch umbkeret.*

Chapitre premier.
De la genealogie et anticquité de Gargantua.

Das Erst Capitel. Von veralteter ankonfft des Gorgellantua von Gurgel-stroßlingen | vnnd | wie wunderlich dieselbige Antiquitet erfunden vnd biß hieher erhalten worden.

Fischart hat sich vom Beginn seines Kapitels bis zum Schlusse des zweiten Abschnittes, welcher mit einer Anspielung auf die sicilianische Vesper schließt (*Plus Roma parit quam Francia Gallos:* nemlich *in illo tempore,* da man bald hernach die Sicilisch Vesper hat gespielt) an den Text des Rabelais angelehnt, denselben jedoch in einer Weise ausgedehnt und mit eigenen Zusätzen durchschossen, daß eine Uebereinstimmung fast nur mehr aus dem Parallelismus des Ideenganges erwiesen werden kann. Schon hier, wie im Verlaufe des Werkes noch deutlicher, erweist sich ein Hauptmoment der originellen Arbeit Fischarts darin, daß er Sätze, welche von Rabelais übernommen sind und welche nur die Ruhepunkte einer springenden Gedankenbewegung bezeichnen, durch ein überleitendes Glied, oder wo der Abstand zu weit ist, durch mehrere solche vermittelnde Gedanken in eine feste und dennoch ungezwungene Verbindung bringt, so daß der Hauptgedanke sich in einer ruhigen, gleichmäßigen Bewegung bis zu einem Wendepunkte oder einem pointirten Abschlusse fortzieht. Aber nicht nur zwischen vollständigen, von Rabelais möglichst unverändert übernommenen Sätzen, sondern auch innerhalb einzelner Sätze selbst macht sich diese Umgestaltung bemerkbar. Wiederholt möchte hier darauf hingewiesen werden, Fischart deßhalb nicht mit einem vorschnellen Urtheil der Breite zu bezichtigen; denn diese Thatsache darf nur eine vollständige Erschöpfung des Stoffes genannt und muß ganz bestimmt aus dem Umstande gefolgert werden, daß Fischart eine jede Zeile, die er schrieb, für die Fassungskraft und die Urtheilsfähigkeit, oder wie er selbst sagt, für den zu vil mitten Verstand' seiner Leser' berechnete.

Retournons a noz moutons! Nicht genug, daß Fischart den Abschnitt Rabelais', *de l'admirable transport des regnes et empires*, in diesem angeführten Sinne erweitert, er fühlt dabei auch Veranlassung zu einer sich über fünf Seiten erstreckenden Erörterung, die man vielleicht am geeignetsten mit dem Namen eines populären Commentars jener weltgeschichtlichen Thatsache bezeichnen dürfte, zu deren unmittelbarem Verständnis der beschränkte Gesichtskreis seines Publikums nicht ausreichend war. Fischart sucht die im Großen sich vollziehenden Umwälzungen durch Vorkommnisse des alltäglichen Lebens zu illustriren. Dabei zeigt sich eine schöne Seite Fischarts, die er vor fast allen anderen Satirikern voraus hat: daß die Satire seiner Bilder, die er so mitten aus der Tageswelt greift, nur die Schwäche an der Gesammtheit und nicht an der einzelnen Person geißelt, also wohl treffen, aber nicht verletzen kann. Nur nach einer einzigen Seite hin macht er hier eine Ausnahme, wird scharf und bitter bis zum Aeußersten: in seiner Satire gegen das Mönchtum und einzelne Vertreter desselben. Fischart hat diese Eigenschaft mit Rabelais gemein; aber wie verschieden sind sie wieder in ihrer Uebereinstimmung. Rabelais bleibt bei aller Schärfe noch jovial, man merkt, daß er bei seinen satirischen Ausfällen nach jener Seite selber ein gewisses Behagen empfindet, nicht etwa weil seine Satire nützen, sondern nur deßhalb, weil sie treffen wird. Wie ganz anders Fischart, welcher, nachdem er spottend begann, oft selbst nicht ahnt, daß es mit seinem Spotte schon längst zu Ende ist, und daß an Stelle dessen das empörte Gefühl seines ächt männlichen Charakters sich in lauten Worten Luft macht.

Was neben dieser Seite liegt, ist bei Fischart zudem weniger Satire, als vielmehr, wie gerade hier, eine getreue Schilderung der Wirklichkeit, die er in einen von Humor strotzenden Rahmen spannt.

Im Weiteren schließt sich Fischart wieder an den Text des Rabelais an, wobei eine kleine Bemerkung desselben ihm Gelegenheit gibt zu einem Ausfalle wider die Bestrebungen seiner Zeit, die Stammväter der Geschlechter, die Gründer der Städte ꝛc. in der grauen Vorzeit unter den mythischen Persönlichkeiten der Phönizier, Trojaner, Griechen und Römer zu suchen.

Ebenso zeigt der Schluß des Kapitels Uebereinstimmung, doch wird die Beschreibung des Fundes von Gargantuas Stammbaum, wie gewohnt, beträchtlich erweitert.

Chapitre II.
Les Fanfreluches antidotees, trouvees en ung monument anticque.

Das ander Capitel | Von einer Alten Mistwälchen Pantagruelischen vorsagung | inn einer denckbegräbnus oder Grabverzeichnus erspehet | darauß ihr die Oraculisch Tripodisch Poetisch ergeisterung ersehet.

Derjenige Theil von Fischarts zweitem Kapitel, welcher das gewöhnliche Versmaß (vier Hebungen) zeigt, ist die einzige Stelle, an welcher er nach dem Beispiele Rabelais' versteckte Anspielungen in den Rahmen seines Stoffes legt. Dabei hat er von seinem Vorgänger nur Anspielungen auf solche Ereignisse übernommen, welche zu damaliger Zeit in der Kenntnis eines jeden, nur halbwegs mit der zeitgenössischen Geschichte bekannten Lesers liegen mußten; Anspielungen auf Thatsachen, die seinem Leserkreise ferne standen, aber auch solche auf Personen, die für Fischart nach Herz und Ueberzeugung sympathisch waren, hat er übergangen[1]), dagegen wieder Begebenheiten innerhalb engerer Grenzen, ja sogar speziell lokale Anspielungen hereingezogen.

Anderen Stellen Rabelais' wieder hat er durch kleine Aenderungen und Zusätze einen anderen, seinem Zwecke dienlichen Sinn gegeben[2]). Doch muß der Leser, der mit dem Schlüssel der Geschichte in der Hand eine

---

[1]) Wie die Stelle über Zwinglin, Rab. II, 2. Str. Vers 3, ff.
Mais il survint ung affecté marrouffle,
Sorty du creux où lon pesche aux gardons,
Qui dist: Seigneurs, pour dieu nous engardons,
L'anguille y est, et en cest estau musse.
La trouverez (si de pres reguardons)
Une grand' tare au fond de son aumusse.

[2]) Man vergleiche mit Fisch. Str. 18 u. 19. die Str. XI bei Rabelais. Diese lautet:
Mais l'an viendra, signé d'un arc turquoys,
De cinq fuseaulx, et troys culz de marmite,
Onquel le dos d'ung roy trop peu courtoys
Poyvré sera soubz ung habit d'hermite.
O la pitié! Pour une chattemite,
Laisserez vous engouffrer tant d'arpens?
Cessez, cessez, ce masque nul n'imite,
Retirez vous au frere des serpens.

Deutung des Ganzen versucht, sich hüten, daß er zu weit gehe, denn Fischarts Worte: *Ti ich farfür, sint all Narra* im *wanfrolichen Gluktratrara* sind wohl nicht ohne Absicht geschrieben[1]). Vielleicht hat er dabei an die Commentatoren des Rabelais gedacht.

Hören wir nun den französischen Commentator (*Esmg. I. S.* 83—86): Cet arc turquois est l'M, qui, allongée, figure en effet un arc turc, et le mot mille dans le chiffres romains. — *Cinq fuseaulx*, ce sont les cinq jambages, IIIII, composant le nombre cinq, en chiffres romains également; — ces *troys culz de marmite* sont trois zéro qui marquent le centaines. Tous ces signes réunis forment donc le nombre M. IIIII centaines ou l'an 1500. Auf Grund dieser Erklärung umschreibt nun Esmangart die Strophe in folgender Weise: „Mais viendra l'an 1500 (ou le 16ᵉ siècle, en prenant l'année pour le siècle), dans lequel un roi trop peu courtois sera poivré (c'est-à-dire attrapera trois fois la maladie galante) sous une robe de pénitent (c'est qu'il se déguisoit sans doute sous un capuchon de moine pour aller voir la belle boulangère). Oh! la pitié de perdre tant de trésors pour une femme lubrique qui, sous une contenance douce et flatteuse, donne des coups de griffe comme une chatte. „Cessez, cessez cette conduite hypocrite, allez-vous-en au diable." Fischart übersetzt schon von vorneherein *troys culz de marmite* durch drei Hafenbäuche, wodurch die Zal 555 unläugbar wird, wenn auch das *M*, welches Fischart beibehält, mit den arabischen Ziffern nicht übereinstimmt. Dieses Jahr 1555 bezeichnet das letzte Regierungsjahr Karls *V.*; und Fischart hat unverkennbar den Aufenthalt dieses Fürsten zu St. Just im Auge, sowie den unter dessen Sohn Ferdinand erfolgten Verlust eines Theiles von Ungarn an die Türken, wenn er singt:

Ach jewar | um alu henchlisch wellen.
Will so fil Juchart lauts farscherken |
Unt lau farschlacken so fil mellen |
Tas tät mir werilch we im Herken.

[1]) Wackernagel erwähnt a. a. O. S. 44, 45 „Die abenteuerliche Orthographie, die im zweiten Kapitel den aus dem Grabe des Riesenkönigs stammenden Gedichten, sowohl den in Hexametern und in Pentametern, als zumal den in gewöhnlichen Reimversen abgefaßten, gegeben ist, um ihnen ein recht uraltes Aussehen zu verschaffen," und fügt dann erklärend bei: „Diese Vokal- und Consonantenveränderungen sind wohl offenbar dem nur wenige Jahre früher, 1571, zuerst in Basel gedruckten Otfried nachgemacht." Abgesehen davon, ob diese letzte Behauptung gerade so „offenbar" genannt werden muß (in diesem Falle würde die Antiquisirung mehr Consequenz zeigen) enthält diese Notiz Wackernagels zwei Unrichtigkeiten: die Hexameter und Pentameter (sowie die Wisartischen Verse) gehören nicht zu den „aus dem Grabmal des Riesenkönigs stammenden Gedichten", sondern die ganze Stelle von Aber insonderheit an steht in gar keinem Zusammenhange mit dem Vorhergehenden, Fischart führt sich selbst in der ersten Person redend ein, und wenn man nicht, wie oben angedeutet, dieselbe als Satire betrachten will, so findet sich der ganze Abschnitt geradezu am ungehörigsten Platze. Auch trägt derselbe nicht „die abenteuerliche Orthographie" der Grabschrift, sondern diejenige der jeweiligen Ausgabe.

Durch Aber innsonderheit etwas waghalsig an das Vorstehende angeknüpft, folgt die Einführung der sogenannten „ersten deutschen Hexameter". Aus der ganzen Art dieser Stelle, aus den Versen selbst und besonders aus der Einleitung zu denselben möchte man fast auf die Vermutung kommen, daß es Fischart mit der ganzen Sache nicht so ernst ist, und daß man dahinter eher eine Satire zu suchen hat gegen jene Klasse von Schriftstellern, die dem Leser gerade am unpassendsten Orte mit ihren Reimereien auf den Leib rücken, weil sie ihnen gerade steigen | vnnd sie on die Appollo in der lincken seit hikelt | vnnd das recht ohr vellicirt. Was nun die Hexameter selbst betrifft, so ist Fischarts Eigenart gerade als deutscher Schriftsteller eine derartige, daß man ohne alles Andere schon schwer zur Ueberzeugung gelangen möchte, als hätte er aus eigenem Drange und in vollem Ernste mit seiner geliebten Muttersprache ein so gewagtes Experiment versucht; um wie viel weniger aber kann man das glauben, wenn man bei ihm selbst wenige Zeilen vor diesen „Hexametern" zu lesen findet: dann wie sie (die Deutschen) jhr sprach nit von andern haben | also wollen sie auch nicht nach andern traben: eyn jede sprach hat jr sondere angeartete thönung | nd sol auch bleiben bey derselben angewöhnung.

Wir dürfen als sicher annehmen, daß Fischart mit diesen Worten nach einer ganz bestimmten Seite zielt, wenn auch der Autor, den er im Auge hat, für uns verloren scheint. Um aber nun zu zeigen, daß man nicht die Alten nachzuahmen brauche, um die Künstlichkeit der Teutschen sprach inn allerhand Kermina zu erweisen, um zu zeigen, daß auch sie im Stande sei, süßiglich wie Griechische zu springen, combinirt Fischart durch glückliche Verwendung des Daktylus, wobei er sich durchweg an die Betonung hält, ein neues, wirklich deutsches Versmaß, das er selbst die Wisartische Weise[1]) nennt, von welcher er überzeugt ist, daß sie der Sechsmaßigen Silbenstimmung vnnd dem Silbenmäßigen Sechsschlag weder der Griechen noch Latinen (die daß Muß alleyn essen wolten) forthin weichen werde. Um aber nun den Unterschied seiner eigenen Weise mit dem antiken Versmaße klar zu zeigen, schickt er eine Anzahl deutscher Distichen voraus, wobei er aber für den Leser die Warnung hinzufügt: bey leib das mirs keiner leß | der nicht auff Cysiolanisch[2]) an fingern klettern | scanniren vnd scandiren kan.

---

[1]) Vergl. Garg. S. 193 a. Z. 27.—29. machten newe Wisartische Reimen von gemengten krey hüpffen vnd zwen schellen. Wie man Fischart kennt, so ist er nicht der Mann, der sich mit fremden Federn schmückt: eine Nachahmung würde er sicherlich nicht mit seinem Namen getauft haben.

[2]) Druckfehler für Cysiocanisch.

Die Imitation, welche Fischart versucht, ist allerdings seinem Zwecke dienlich, denn sie ist nicht gerade meisterhaft, obwohl sie dafür durch die angebrachten Reime dem Geschmacke damaliger Leser in anderer Weise wieder entgegenkommt.

Als charakteristisch für die Art, in welcher über Fischart geurtheilt zu werden pflegte, möge beigefügt sein, was Gottsched über diese Stelle schreibt[1]): „So ernsthaft Geßner[2]) bei der Fertigung deutscher Hexameter zu Werke ging, so spaßhaft und possierlich griff kurz darauf der bekannte Lustigmacher Johann Fischart in seinem Ellobostleros (!) oder verdeutschtem Pantagruel (!) das Ding an. Wie dieser zweite Erzvater seine sechshupfigte Wörterdängelung und Sylbenstelzung ausgesprochen und scandirt haben mag, das überlassen wir seinen heutigen Nachahmern auszuspähen." [3])

Chapitre III.

Comment Gangantua feut unze moys porté on ventre de sa mere.

Das dritte Capitel. **Von dem ordenlichen Kosten oder Diät | welche Grand‑**
   goschier mit essen und trincken halten thät.
Das vierdte Capitel. **Von des Grandgoschier vollbestallter Kuchen | Kasten**
   und Keller: was entweder ins Glaß gehort | oder auff den Teller.
Das sechste Capitel. **Von der Gurgelmilta von Honigmunda | des Grand‑**
   gosiers Gemal schwangerem Krib | und ihrem Katzenreinen
   Weiberlüst | welchen sie mit Würsten | Kutteln und Pletzen
   hat gebüßt.

Rabelais beginnt sein drittes Kapitel: *Grandgousier estoit bon raillard en son temps, aymant a boyre ne aultant que homme qui pour lors feust au monde, et mangeoit volontiers salle¹. A ceste fin, avoit ordinairement bonne munition de jambons de Mayence et de Bayonne, force langues de beuf fumees, abundance d'andouilles en la saison, et beuf*

---

[1]) Teutsche Sprachkunst, Leipzig 1762.
[2]) Gottscheb glaubte an eine Ausgabe von Geßners Mithribates vom Jahre 1555
[3]) Ueber Fischarts Hexameter vergleiche man Lessing: Aus den Briefen, die neueste Literatur betreffend. 1759. 18 Brief; F. v. Blanckenburg: Literarische Zusätze zu J. G. Sulzer's allg. Theorie der schönen Künste, Leipzig 1796—1798, I. B. S. 517; Heynatz: „Ueber das Alterthum des deutschen Hexameters rc." im Gothaischen Museum der Künste und Wissenschaften (1777) I. B. S. 168 ff.; Horn: Poesie und Beredsamkeit der Deutschen, Berlin 1822—1829. I. B. S. 120. Mundt: Die Kunst der deutschen Prosa, Berlin 1837. S. 263.

salté a la moustarde. Rezfort de boutargues, provision de saulcisses, non de Bouloigne (car il craignoit li bouconi de Lombard), mais de Bigorre, de Longaulnay, de la Brene, et de Rouargue.

Aus dieser einzigen Stelle werden bei Fischart zwei umfangreiche Kapitel, das dritte und vierte. In dem ersteren ermahnt Fischart den Leser in einer mit köstlichem, unübertrefflichem Humore gespickten Epistel zur Unmäßigkeit im Essen und Trinken. Macht es wie die Säue, sagt er, dehnt euren Magen, so werdet ihr ähnlich werden eurem Ahnen Gurgelstroßa ꝛc. Kann es eine wirksamere Satire geben, wenn er das vorausgestellte Muster in der Folge lächerlich macht? Wie in seiner Anmanung zu christlicher Kinderzucht im tiefsten Ernste, so belehrt er hier in der ausgelassensten Satire die Eltern, wie man Kinder zieht oder vielmehr verzieht.

Aber nirgends kann Fischart streng bei der Sache bleiben: nach allen Richtungen hin Ausfälle und Anspielungen. Er macht sich lustig über die Völlerei bei allen festlichen Gelegenheiten, zieht aber auch los über die Zimpferlichkeit, das übertriebene Ceremoniell und die lästige Höflichkeit hinter dem Tische und auf der Straße, besonders bei Hofe. Im Gegensatze dazu bringt er wieder die ekelerregenden Zustände der Winkelkneipen und Volksküchen zur Sprache.

Aus Allem, was Fischart bietet, und wie er es bietet, sieht man, daß er nur aus eigener Anschauung herausarbeitet, so mitten aus dem täglichen Leben, wobei er in jeder Zeile seinen Sinn, seine tiefgehende Theilnahme für die Allgemeinheit verrät, ohne daß er nötig hätte, wörtlich hinzuzufügen: O weh | es bricht mich | wann ich einen anderen jucken sihe!

In dem vierten Kapitel ist es vor allem die ausgedehnte Literatur der Sauf- und Freßlieder damaliger Zeit, die Fischart zum Gegenstande seines Spottes macht. Dem heutigen Leser erscheint die Aufzählung dieser vielen Liederanfänge allerdings breit. Man bedenke aber, daß diese Gesänge zur Zeit, als das Buch in die Welt trat, in Jedermanns Mund oder Wissen waren und daß jeder der damaligen Leser aus dem Anfange des Liedes dessen Inhalt oder Pointe vor sich auftauchen sah — und man wird zugeben müssen, daß diese scheinbare Breite nichts weniger als langweilig sein konnte.

Im weiteren Verlaufe geißelt Fischart die Gewohnheit seiner Zeit, mit jeder denkbaren Gelegenheit, als kirchlichen Festen, Geburts- und Namenstagen, Taufen, Hochzeiten und — Leichenbegängnissen, Schmausereien und Trinkgelage zu verbinden. Er macht uns dabei ziemlich vollständig mit dem damaligen Küchenzettel bekannt, wobei er zugleich eine Lanze bricht für die gesunde und kräftige Küche Deutschlands gegenüber der raffinirten Verfeinerung derjenigen der Nachbarländer. Diese möge man den Jungherrlins, den Land und Tischraumigen Kaufleuten vnd Türkenssern überlassen, die mit andrer Leut gut oder mit Ferseugeld zahlen vnd fallement machen, wenn sie abgefressen haben. Dazu nach allen Seiten hin Hiebe auf die schlemmende, zuchtlose Geistlichkeit, auf die putzsüchtigen Frauen, auf die fragliche Weisheit der Aerzte und hundert andere Dinge.

Nun geht es an die Aufzählung und Kritik der Weinsorten, von denen gewißlich die schlechteste das schönste Hoffarbröhlein trägt; so der Ehrenwein, wie man ihn möcht dem Schultheiß ins Ampt schenken. Fischart predigt das Lob des guten Weines und warnt vor jedem schlechten Trunk, dann warumb wachßt gut Wein | wann man den bösen wolt trinken ein? Dem Teuffel zu mit dem Weinkömmen vnd Weinsophisten | die den edelen Safft mit Schwebel vnd Speck verketzeren:

Der lebe in *aeternum*,
der gibt *potare Valernum*,
wer aber mir gibt *villum*,
all Teuffelsplag *torqueat illum*.

Bevor Fischart mit dem sechsten Kapitel an den Text des Rabelais wieder anknüpft, legt er in einem eigenen (dem fünften) Kapitel die Beweggründe auseinander, welche den Grandgusier zur Ehe veranlaßten. Dieses Kapitel führt die Ueberschrift:

Mit was wichtigem bedencken vnser Held Grandganchier zu der Ehe hab gegriffen | vnd sich nicht vergriffen.

Dieses Kapitel, das Fischarts vollständiges Eigentum ist, muß als dasjenige bezeichnet werden, welches am meisten und besten von allen Eigenschaften und Eigenheiten Fischarts Zeugniß gibt, ich meine von jenen Eigenschaften, welche ein Ausfluß seiner inneren Größe sind und von jenen Eigenheiten in Form und Sprache, welche er, sündigend auf den Geschmack seiner Zeit, so gerne auf die Spitze treibt.

Nach einem etwas sehr volkstümlichen Commentar des alten Satzes: „Es ist nicht gut, daß der Mensch allein sei," fällt wie ein Hagelwetter seine vernichtende Satire, untermischt mit den Ausbrüchen eines ernsten, männlichen Grolles, über das weite überwucherte Feld der Unsittlichkeit, die er durch Exempel und Anspielungen mit crassen Strichen illustrirt. Hier findet sich der einzige Ort, wo Fischarts Spott nicht mehr selbstredend, nicht mehr natürlich, sondern gezwungen und gepreßt erscheint; man fühlt aus jeder Zeile, daß ihm der Stoff zu ernst ist, um sich darüber hinwegzuspotten; sein Antlitz glüht unter der Narrenmaske und endlich weiß er sie nicht mehr zu ertragen; er reißt sie von seiner Stirne und mit freiem Auge und tönender Rede predigt er die Heiligkeit der Ehe und der Familie.

Wie könte on Eheliche saat, so schließt Fischart seine allgemeine Betrachtung, das Land erbawet | die Dörffer bewohnet | die Stätt besetzet .... vnnd endlich Gottes befehl | die Welt zu mehren | vollzogen werden .... welchem zu nutz würde die Sonn scheinen | die Erd erleuchten ... dergleichen der Mon vnnd Thaw den Boden erkülen | der Regen befeuchtigen | die Wind trocknen | alle Thir zunemmen | die Bäum fruchtbaren | das Feld getreyd tragen? ... Ist nicht die grosse leblose von wegen der kleinen lebhafften Welt erbawet? Wa nun dieselbige auß vnbrauch ehlicher mehrung abgienge | were nicht Gott als ein vnfürsichtiger | vnd der vnnötlichkeit Bawherr beschuldiget? oder als ein vnkrefftiger erhalter seiner geschöpff | vnd vnmächtiger Vollzieher seiner gebott geschmehet? ... Ja (würde nicht) gantz und gar kein Gott so es regieret | scheinen? Vnd endlich diser mittelkreiß ein ware Teuffelshöl werden? —

Nun erst beginnt Fischart, nachdem er sich so in kräftigen Zügen einen für die Idee seines Gegenstandes stimmungsvollen Hintergrund geschaffen, das Bild in den einzelnen Scenen und Figuren auszuarbeiten. Wohl selten ist die Traulichkeit des jungen häuslichen Heerdes, die Freude des Elternglückes und der Liebreiz eines zusammenklingenden Familienlebens mit dem ganzen Gefolge all' der hundert süßen Seligkeiten so rührend, so ergreifend geschildert worden, wie hier von Fischart. „Dieses fünfte Kapitel", sagt Jean Paul,[1] „ist ein Meisterstück sinnlicher Beschreibung und Beobachtung; aber keusch und frei, wie die Bibel und ihre Voreltern."

Und das Bewältigende, das Bezaubernde an dieser Schilderung ist gerade der Umstand, daß aus Allem, was und wie es uns gezeigt wird, sich unwillkürlich das Bewußtsein aufdrängt, daß wir keine Dichtung, sondern eine lebenswahre Nachbildung der Wirklichkeit in Wort und Rede vor uns haben.

Man sieht, Fischart selbst stand mitten in dem Kreise, den er schildert;[2]

---

[1] Vorschule der Aesthetik. Stuttgart und Tübingen 1813. I. Abth. Seite 282.
[2] Zuerst im Hause seiner Eltern, und dann im eigenen. Dieses Kapitel zeigt in der Ausg. von 1594 gegen diejenige von 1575 unter allen anderen die bedeutendste Erweiterung und Vervollkommnung. Sollte dies schon bei der Ausgabe von 1582 der Fall sein, so wäre das ein sehr gewichtiger Grund, Fischarts Vermählung schon vor dieser Zeit zu vermuten.

aber das ist ja kein Verdienst für ihn, es war sein eigenes Glück. Sein Verdienst und zugleich der giltigste Beweis seiner wahren Genialität liegt darin, daß er mit der Fähigkeit, dieses Glück in seiner ganzen Größe zu erfassen und zu verstehen, auch den Willen und die Kraft vereinigte, seinen Mitmenschen zu Lehr' und Lust ein bis in das Kleinste ausgearbeitetes Bild davon zu entwerfen, auf dem er mit der Würde des Stoffes die komischen Momente zu vereinigen weiß, ohne der Stimmung des Ganzen Eintrag zu thun; ein Bild, an welchem die kleinste Linie, die unscheinbarste Farbennuancirung ein sprechender Zeuge ist von dem klaren Bewußtsein, der tiefen Empfindung und dem unerschütterlichen sittlichen Gehalte des Malers.

Ein Mann, der in sich solche Grundlagen trägt, hat auf seiner Seite das Vermögen und das Recht, als Lehrer und Mahner vor die Welt zu treten, mag er es nun im langen Talare oder im bunten Narrenkleide thun.

Man lese, was Fischart hier geschrieben und suche bei Rabelais nur Aehnliches.

Erst mit dem sechsten Kapitel knüpft Fischart, wie schon oben bemerkt, wieder an den Text des Rabelais an, nämlich an den direkten Bericht von Grandgusier's Vermählung und Gargamelle's Schwangerschaft.

En son eage virile (Grandg.) *espousa Gargamelle, fille du roi des Parpaillos, belle gouge et de bonne troigne;* so erzählt Rabelais. Schon in der Wiedergabe dieses *en eage virile* durch in nicht allein Partfehigem | sondern auch Mannskrüfftigem vnnd Haußverständigem alter charakterisirt sich wie immer und immer die Uebertragungsweise Fischarts. Er macht hier nicht, wie Rabelais, nur eine objective Bemerkung über Grandgusier, sondern durch die Art, wie er die einzelnen Attribute zusammenstellt, spricht er zugleich eine subjective Meinung aus über die notwendige Beschaffenheit eines Mannes, der den ernsten Schritt zu einer Verbindung für das ganze Leben macht. Wie in diesem einen, so thut Fischart in hundert anderen Fällen.

Weiter genügt ihm nicht, das *belle gouge et de bonne troigne* so gelungen durch schönes Truserle hüpschen Visiers wieder zugeben, er knüpft daran noch eine ausführliche Beschreibung der Schönheiten Gargamelle's, wohl eine der drolligsten und unterhaltendsten Partien des ganzen Romans. Um seinen Lesern die Reize von Grandgusier's Gemahlin so recht zu verdeutlichen, nimmt er alle sprichwörtlichen Schönheiten zu Hilfe, den Kopf der Pragerinnen, die kleinen, zierlichen Füße der Frauen am Rhein, die weißen, weichen Hände der Cölnerinnen u. s. w. Er erhebt sich in seiner Schilderung zu poetischem Schwunge, den er aber durch eingeschobene Sar-

lasmen immer wieder auf die ebene Bahn seiner gewohnten Schilderung
zurückdrängt. Sie hett lang goldgelb Haar | so schreibt er, ja Haargespunnen
Gold | nach dem gewicht Absolons | jr Augbroen | waren wie ein Gewelb
von Ebenholtz | die Augen wie Diane Stern klar | jhr Augenblick wie
Sonnensträm | ... weiß Orientalisch Perlenzanlin | wie Jenobia die Königin |
darunder offt weiß gifft strät | sie hat nicht vil Jucker noch heiß Suppen
gessen | das Corallenmündlein eng vnd Schön | die Leffken Presilgenrot |
Honig an statt des Speychels | daher es die Spannier noch so gern lecken:
Rosenblüsame Wängelin | die auch den umbwebenden Lufft mit jhrem gegen=
schein | als ein Regenbogen klärer erleuterten | wie die alten Weiber | wann
sie auß dem Bad kommen: Schwanenweiß Schlanchkälchen | dardurch man
wie durch ein Mauranisch Glaß den roten Wein sahe schleichen: ein recht
Alabastergürgelein etc.

Dieser schönen Außenseite entsprach auch Gurgamelles inneres Wesen,
denn sie war wolgeberdig | holdseliger anmassung | vnd anmüttiger Redbe=
scheydenheit | vnd & caetera, nec non vnd plus si velleret.

Im folgenden Verlaufe des Kapitels hält sich Fischart ziemlich an
den Text des Rabelais, den er theilweise wörtlich, theilweise nur mit geringen
Erweiterungen wiedergibt, wenigstens gering im Verhältnis zu seiner
gewohnten Art.

Chapitre IV.
*Comment Gargamelle, estant grosse de Gargantua, mangea grand planté
de trippes.*

**Das sibende Capitel. Wie Gurgelmiltsam | als sie mit dem Kindlein
Gurgellantule schwanger gieng | ein grossen Wust Kutteln fraß | vnd
daruon genas.**

Dieses Kapitel zeigt eine große Uebereinstimmung mit dem französischen
Originale. Daß aber Fischart auch da, wo er eine Erweiterung nicht für
nötig hielt, sondern nur übersetzte, kritisch zu Werke ging, beweisen die vorgenommenen Kürzungen, die im ersten Theile des Romanes so selten sind,
daß sie da, wo sie vorkommen, um so größere Aufmerksamkeit verdienen;
wir finden aber auch, daß sie immer im Interesse des Erfolges wirken.

So heißt es hier bei Rabelais: *Le fondement luy escappoyt une
apres disnee le troisiesme jour de febvrier, par trop avoir mangé de
gaudebillaux. Gaudebillaux sont grasses trippes de coiraux. Coiraux*

sont beufz engressez a la creche et prez guimaulx. Prez guimaulx sont prez qui portent herbe deux foys l'an. D'iceulx gras beufz avoyent fait tuer troys cents soixante sept mille et quatorze etc. Bei Fischart lesen wir dafür: **Das vnden am end aber entgieng jnen ein stund nach mittag | den dritten des Hornungs | da eben dasselbig Jar die Fasnacht eingieng | als sie zu viel Paunken gegessen het | Paunken sind feiste Magendärm von Barrenrindern: Von diesen grossen Vberreussischen Prochssen | die man hinder dem Baum sticht | haben sie auff Hecatombisch drey hundert | siben vnd sechtzig tausent vnd viertzehen schlagen lassen etc.** Ebenso übergeht Fischart die Stelle *affin qu'en la prime vere — et mieulx entrer en vin.*

In dem folgenden Zusatze vergleicht er mit dieser Schlächterei den gebraten **Ochs auff der Krönung zu Franckfort,** der sich dazu verhielte wie der **Hanna Opffer zu des König Salomons Tempelweyhe.** Und so viel Ochsenblut um eine Weiberlaune! Aber warum auch nicht, dann wa **Weibergelüst fallen ein | da muß nichts zu theur sein!** Wenn Rabelais schreibt: *Le bon homme Grandgousier y* (an der Munterkeit seiner Gäste) *prenoyt plaisir bien grand, et commandoyt que tout allast par escuelles;* und wir vergleichen damit die entsprechende Stelle bei Fischart, so finden wir wieder ein Beispiel, wie ein bei Rabelais im Keime liegender Gedanke von Fischart hervorgezogen und entfaltet wird: **Der gut Mann Grandgusinger het sein hertzliche freud damit | wann er also gutherzig sah die Platten raumen | vnd die Becher schaumen | vnd that nichts anders | als dz er sie aufmunteret | nicht in der predig zu entschlaffen: frisch auff jr Gesellen | die Hüner braten schon | trinken wir Wein so beschert Gott Wein | seyt frölich bei den Leuten | vnd wer hie will ein hadermann sein | der mach sich weit von Leuten | vnd fahr in Wald nach scheuten.**

Sein **Gemal** jedoch ermahnt Grandgusier zur Mäßigkeit, *veu qu'elle approchoyt de son terme, et que cette tripaille n'estoyt viande moult louable;* oder wie Fischart schreibt: **weil sie nahe auff dem zil gienge | vnd aber diese Kuttelwescherey kein Kindbetterinhenn | Capaun oder verplutetes Täublin war.**

In einem Zusatze schildert nun Fischart die Wirkung, welche diese Fecalische materi auf die Wöchnerin ausübte, und übernimmt dann den Kapitelschluß des Rabelais. *Apres disner,* heißt es bei diesem, *tous allarent pesle mesle a la Saulsaye, et la, sus l'herbe drue, dançarent au son des joyeulx flageolletz et douces cornemuses, tant baudement que c'estoyt passetemps celeste les veoir ainsi soy rigouller;* und Fischart fügt hinzu: **Fort da mit den gezierten Hofreigen und Nürnberger Geschlechtertänzen, hie gilts**

den Scharrer | den Jäuner | den Rotzenbank | den Morisken | den schwarken
Knaben | der gern das braun Meydlein wolt haben | Ja haben | wann
mans ihm geb. Nun Meydlin fort | dran | sprungsweiß au Spiß | wie ein
jungs Wild im Spißhart. Seh | seh | mein leydiger kund | wie schöne
hochauff hebende | langschreyttende Storckenbeyn zum dankzen.

Chapitre V.
Le propos des beuveurs.

Das acht Capitel. Das Truncken Gespräch | oder die gesprächig Trunckenzech |
ja die Truncken Litanei | vnnd der Säuffer vnnd guten Schlucker | Pfingstag |
mit ihrer vnfeurigen doch dürstigen Weingeugen Jungenlös | schönem gefräß
vnd gethös.

Was uns Rabelais in diesem Kapitel bietet, ist sicherlich eine Reihe
köstlicher Witze, passender Citate und eine Sammlung heiterer Worte, wie
sie hinter jedem Trinktische fallen. Am Einzelnen, was er bringt, ist sicherlich
nicht das Geringste auszusetzen: es erfüllt seinen Zweck, denn es erregt Lachen.
Von einer bestimmten Absicht jedoch in der Anordnung des verwendeten
Materials ist keine Spur zu entdecken. Eines reiht sich an das Andere,
wie es der Zufall oder die Willkür bot. Auf diese Weise kommt das Kapitel
natürlich auch zu keinem eigentlichen Abschluß: es hört eben da auf, wo
entweder der Stoff ausging, oder die Laune des Schreibenden einen Punkt setzte.

Was aber hat Fischart daraus gemacht!

Nur einen verhältnismäßig geringen Theil der Scherze und Wortspiele
Rabelais' hat er in sein Kapitel aufgenommen und dies in ganz verschiedener
Reihenfolge und großentheils in verbesserter Form. Aus einem Vorbilde ist
ihm Rabelais hier lediglich zu einem Citatenlieferanten geworden, wie ihm
ja Alles, Leben, Sprache, Natur und Dichtung in dieser Eigenschaft dienen
muß. Fischart nimmt eben auch das Gute, wo er es findet, und dies darf
ihm wohl nicht zum Nachtheil angerechnet werden, ihm, der nicht schreibt
um des Schreibens willen, sondern dem erhofften Nutzen zu Liebe.

Gerade dieses Kapitel zeigt so recht deutlich, daß es bei Fischart nicht
abgethan ist mit dem einmaligen Lesen, um vom „Blättern" gar nicht zu
reden. Fischart will studiert sein, um ihn vollkommen begreifen zu können,
ich meine damit, um sehen zu lernen, wie Alles, selbst die tollste Aus-
schweifung in Gedanke oder Sprache, den Stempel einer bestimmten, nach
einem unverrückbaren Ziele hinstrebenden Absichtlichkeit an sich trägt.

Bei einer oberflächlichen Lektüre würde man hier wohl auch nichts weiter finden, als ein buntflimmerndes, betäubendes Durcheinander von einzelnen Ausrufen, unterbrochenen Sätzen, Wortspielen, Reimtändeleien, Derbheiten und feinen, humorstrotzenden Gedanken, Liederfragmenten, ganzen Liedern und hundert anderen Dingen.

Wer aber genauer zusieht, wer mit gespannter Aufmerksamkeit und mit dem leitenden Faden immerwährender Vergleichung an der Hand dieses Wort- und Gedankenlabyrinth durchschreitet, wird bald zu einem anderen Urtheile gelangen.

Es ließe sich der Eindruck, den eine derartige Lektüre des Kapitels verursacht, vielleicht mit jenem vergleichen, den man erhielte, wenn man ein Trinkgelage von Beginn bis zu Ende, ohne sehen zu können, durch eine Wandspalte belauschte.

In dem ganzen Kapitel findet sich (wie auch bei Rabelais) mit Ausnahme der einleitenden Zeilen kein einziger erzählender oder beschreibender Satz. Das Ganze gleicht einem meisterhaft durchgeführten, in sich abgeschlossenen Comödienakte, in dessen Niederschrift aber jeder Name eines Sprechers, und auch jede andere erklärende Notiz für Darsteller oder Leser fehlt.

Um wieder auf den Vergleich mit der Beobachtung zu kommen, bei welcher man nicht sehen, sondern nur hören kann — das, was man hört, ist derart, schließt sich in Sinn und Ausdruck so eng an die es begleitende Handlung an, daß man dieselbe ungesehen erraten muß. Ja, es lassen sich sogar nach und nach einzelne wiederkehrende Stimmen, also auch einzelne Personen unterscheiden, trotzdem der Tumult, das Durcheinander derartig ist, daß die Richtung der Aufmerksamkeit in jeder Minute wechseln muß: man hört eben jenen, der gerade am nächsten steht, oder jenen, der am lautesten schreit.

Aber eben darin, wie Fischart diese Täuschung zu Stande bringt, liegt eine vollendete, eine staunenswerte Meisterschaft, die durchaus nicht die Consequenz eines mühevollen Probirens und langwierigen Suchens ist, sondern die natürliche Folge seiner durch Gemüt und Verstand verfeinerten Beobachtungsgabe und einer dadurch bedingten Kenntnis der Menschen und des Lebens, wie sie außer Fischart nur wenige Schriftsteller besessen haben.

Da die Gewißheit darüber, daß Fischart trotz der genialen Raschheit, mit der er geschrieben haben muß, trotz den vielen Umständen, welche in Hinsicht auf die Behandlung des eigentlichen Romanstoffes dagegen sprechen, doch überall mit einer feindurchdachten Planmäßigkeit zu Werke ging, bei der Beurtheilung seines Wertes ein erstlieniger Faktor ist, so mag das vorliegende Kapitel Gelegenheit zu dem Nachweise dieser Thatsache geben.

Dasselbe bildet, wie schon bemerkt, eine streng in sich abgeschlossene Komposition: die bis in's Detail durchgeführte Darstellung eines Trinkgelages. Zur Begründung dieser Behauptung sei hier versucht, mit strenger Festhaltung sowohl am Wortlaute, als am Verlaufe des Textes, die nur im Gespräche gegebene Darstellung in eine Schilderung umzuwandeln.

Die Gäste kommen. Gläser, Krüge, Kannen und abenteuerlich geformte Pokale werden herbeigetragen; klingend und polternd wandern sie die lange Tafel hinab. Bald hat der Wirtsknecht volle Arbeit. Die Unterhaltung, wenn auch reich an Humor, ist anfangs, was man so nennt, ruhig und anständig. Dies mag aber bald dem oder jenem, der seinem Durste zu eifrig mit der vollen Kanne nachgejagt ist, nicht mehr behagen.

Kan keiner kein Fiedlein? Holla Fritz | du singst uns diß . . . vom Buchsbaum vnd vom Felbinger!

Das ist aber nicht nach jedermanns Geschmacke. Es wird protestirt: Nein | Neyn | ein anders!

Der das ruft, ist vielleicht gerade derjenige, der sich selbst hören lassen möchte:
    Es geht gen diesem Sommer |
    Oho laß einher gahn |
    die Ochsentreiber kommen |
    do | do | Oho laß einher gahn |
    diri diri dein! etc.

Der Sänger findet aber keinen Anklang; denn so mancher meint vorerst, trinken sei besser als singen. Wie es sich gerade gibt, lenkt sich die Aufmerksamkeit auf die Unterhaltung einer kleineren Zechergruppe, in der über die Prioritätsrechte des Durstes oder des Trankes gestritten wird, wobei die scharfsinnigsten Gründe zu Tage kommen. Da ist aber auch ein Moralist, welcher meint

Wir zu vnserer vnschuldigen zeit Trinken nur zu vil on Durst.

Vnd billich, so wird er widerlegt, Wir trinken für den zukünfftigen. Kaufft inn der Kohl: (sagen die betrengten Quacksalber) so habt irs im tod.

Wohl um die Debatte abzubrechen, stimmt einer der Streitenden ein Lied an:
    nun biß mir recht wolkommen |
    du Edler Rebensafft:
    Ich hab gar wol vernommen |
    du bringst mir süsse krafft:

> Laßt mir mein gmüt nicht sincken |
> vnd sterckst das hertze mein |
> drumb wöllen wir dich trincken |
> vnnd alle frölich sein:
>
> Man sagt wol inn dem Meyen:
> da sind die Brünlein gsund:
> Ich glaubs nicht bey mein trewen:
> Es schwenckt eim nur den Mund |
>
> vnnd thut im Magen schweben |
> drumb will mirs auch nicht ein:
> Ich lob die Edlen Reben:
> die bringen vns gut Wein.

Mit einem Jauchzer schließt der Sänger und von allen Seiten trinkt man ihm zu. Die Fröhlichkeit ist im vollsten Gange.

Einer aus der oben belauschten Gruppe, scheint es, war mit dieser Unterbrechung nicht einverstanden. Er versucht das alte Thema wieder auf's Tapet zu bringen, da er noch ein paar philosophische Citate los werden möchte.

Im trocknen wohnet nimmer kein Seel | wiewol man sagt *Anima sicca sapientissima*, ein Seel die im trockenen sitzt | hat witz.

Er vermag aber nicht mehr aufzukommen, da die Unterhaltung bereits eine zu allgemeine geworden ist. Blitzesschnell springen Rede und Gegenrede an der langen Tafel umher.

Da tritt der Wirt zu den Gästen. Laut und freudig wird er begrüßt: Sih da | der Wirt der ist der best | wird vil völler dann die Gäst. Und ihm zu Ehren geschieht es, wenn nun einer das Lieblein singt:

> Den liebsten Bulen den ich hab |
> der ligt beym Wirt im Keller:
> Er hat ein hölzins Röcklin an |
> und heißt der Moscatteller:
> Er hat mich nechten truncken gemacht |
> vnnd frölich diesen tag vollbracht |
> drumb geb ich jm ein gute Nacht:
>
> Von diesem Bulen den ich mein |
> will ich dir bald eins bringen |
> Es ist der allerbeste Wein |

macht mich lustig zu singen:
frischt mir das Blut | gibt freyen mut:
Als durch sein krafft: vnnd eygenschafft:
Nun grüß ich dich mein Rebensafft.

Hjan wie stimmt sich der Wein so wol, unterbricht sich der Sänger. Man lacht; weiter im Text ruft ein Liederfreund; er wird aber überhört und überschrieen. Die singerliche Stimmung hat jedoch um sich gegriffen und es stimmt bald dieser, bald jener sein Leiblied an. Aber der Einzelne kommt nicht zur Geltung, da ihn immer ein Anderer übertönt; nur wie der Zufall ein paar Augenblicke Ruhe bringt, oder wie es in der Laune der Zuhörer liegt, kommt ein Lied über die ersten Verse hinaus. Dazwischen Scherze, Zurufe, absprechende oder beistimmende Kritik über das eine oder das andere Lied, über den einen oder den anderen Sänger. Immer betäubender wird das Lärmen der Zecher. Hier tönt ein derber Witz über die Tafel und ein schallendes Gelächter ist die Folge; da singt einer ein Lied, zu eigener Lust, aber zu seiner Hörer Unlust; ein Anderer wieder singt, gedrängt durch die Bitten seiner Freunde; dort schaart man sich zu einem Trinkspiele, und der Chor des angestimmten Rundgesanges überhallt momentan alles Andere.

Der weitbauchige Pokal wandert eifrig umher, und wenn ein allzu Gieriger sich den Wein über Bart und Brust gießt, so wendet sich aller anderen Gelächter und Spott gegen ihn.

Seh: wie ligt der Thaw dem auff dem Bart | wie geyfferst?
Wie tropffelest?
ein fürsetzlin her: deiner Trawen wird kein Essig mangelen.

Solch' ein Pechvogel weiß sich aber aus seiner Verlegenheit zu helfen; er stellt lachend den Pokal nieder und stimmt ein Lied an, das den Andern wohl gefallen muß, denn sie lassen es zu Ende kommen:

Wa wachst Häw auff der Matten |
dem frag ich gar nichts nach |
Es hab Sonn oder Schatten |
Ist mir ein ringe sach.
Gut Häw das wachst an Reben
dasselbig wöllen wir han |
das kan uns freuden geben |
das weist doch Weib und Mann.

Das ist gut Hew |
des ich mich frew |

Mich belangt wann es reiffen thut |
Macht vns allzeit viel freud vnd mut |
das ist gut Hew |
das macht gut Strey |
O führets sauber ein.

vnd wer es nicht kan keuen |
der gang auch nit zum Wein |
Aber ich seh am häwen |
das sie gut Käuer vnd Häuer sein |
Sie recheus mit den Zänen |
vnd worbens mit dem Glaß |
der Magen muß sich dänen |
das ers in d Scheuren laß.

Wieder der alte Lärm, wenn möglich noch verstärkt. Mit dem Maße des genoffenen Weines steigt die „Munterkeit". Man wird ungenirt, sehr ungenirt. Mahnend ruft ein noch Nüchterner dagegen:

Hopsaho | sind die vnfläter do?

Ein etwas anzügliches Liedlein schiebt sich zwischen ein, aber es kommt nicht zur Geltung: man hat sich vorerst genug gesungen, und die wirre, durcheinander spielende Unterhaltung gewinnt wieder die Oberhand. Zwischen den hin- und herfliegenden Scherzen tönt manchmal eine sehr ernste Wahrheit hervor, wie eben der Trunk den Einen fröhlich, den Anderen schwermütig macht.

Mächtig seind die Recht verbietten | man soll keyn Crentz auff den Erdboden machen | da man drauff tritt!

So machts man, ruft es dagegen, auff die Wehr | vnnd inn die Becher | die einen vmbbringen | Daun es ist gewiß | bey den Teutschen hat Mars vnnd Bachus mehr erlegt | als Venus bey den Welschen außgefegt.

Hey Weinwitzig ruft einer, dems zu ernst wird, und alles ist wider im alten Geleise, das sich immer tiefer drückt, da der Pfad immer feuchter wird.

Wer singt nun meh? ruft es aus dem Trubel, und die Antwort ist schon da.

Nun grüß dich Hey du Edler Sofft |
Vnd hast du Gugel funden etc.

Die lebende Illustration zu der Stelle dieses Liedes, wo es heißt:

Du letzt fül einer vndern Banck |
Dem andern ward die Jung zu lang:

wird allem Anscheine nach nicht mehr lange auf sich warten lassen.

Ist niemands hie der doppeln will? schreit ein Spielhans in den Lärm hinein. Aber für jetzt findet er noch keinen Partner; man ist zu weinselig, die allgemeine Stimmung ist noch zu rosig, als daß man des Spieles verlangte.

Aber Singspiele werden arrangirt; der Reihe nach geht es um die Tafel herum, mit mehr oder weniger erquicklichen Leistungen. Besonders einer weiß sich das Gefallen der Zuhörer zu erringen, wenn er singt:

> Wolauff jr Brüder allzumal.
> *Quos sitis vexat plurima.*
> Ich weiß ein Wirt klug oberall |
> *quod wina spektat optima.*
>
> Sein wein mischt er nicht mit dem Safft |
> *E Puteo qui sumitur,*
> Ein jeder bleibt inn seiner krafft |
> *E botris ut exprimitur.*
>
> Herr Wirt bringt uns ein guten Wein |
> im Keller *quod est optimum,*
> die Brüder wöllen frölich sein |
> *Ab Noctis usque terminum,*
>
> wer greinen oder murren will |
> *ut Canes decet rabidos,*
> der mag wol bleiben auß dem Spil |
> *Ad porcos eat sordidos.*

Potz tausent Rasperment, ruft einer, dem's gefallen, das heißt wol Solmisiert | laß sehen ein *Tricinium*, ich will mit dem Gutteruff Passieren | so Tenorier du mit deim Krauschhalß | vnnd der vngier mit dem Füllzagelzincken:

> drey Gäns im Haberstro |
> Sie assen vnnd waren fro; etc.

Immer lebendiger wird es, immer toller geht es zu, so daß es nicht mehr zu den Seltenheiten gehört, wenn ein Glas unter den Tisch fliegt, oder ein Pokal auf das Gesicht zu liegen kommt. Was liegt daran:

> Es ist kein rechter Fuhrmann | der nicht umbwerffen kan.

Die Witze, welche man hört, haben nun schon einen derb cynischen Anstrich, aber zwischenein hört man auch Worte, in deren eigentümlichem Contraste eine unbeschreibliche Wirkung liegt. So singt einer:

> Es ist ein harter Orden |
> Der seinen Pulen meyden muß |

und ein Anderer meint dazu, allerdings mehr murmelnd als singend:

> vnnd noch viel härter |
> das ich diß hoch Glas außsauffen muß.

So geht es fort in consequenter, natürlicher Steigerung. Das Trinken verdient bald einen anderen Namen. Mitternacht ist längst vorüber, und mancher Zecher schaut schon bedenklich nach Osten, wo der Tag zu grauen wagt. Da endlich faßt einer den Mut (und der Entschluß ist ihm nicht leicht geworden), als der Erste sich zum Heimgang anzuschicken.

> Es ist grad rechte Zeit, meint er, Ich glaub es hab geschlagen vier!
> Der Han den Tag ankrät, bestätigt ein Anderer.

Die Beiden finden auch Begleiter, deren einer taumelnd zur Thüre hinaus singt:

> Das Fiedlein will sich enden:
> Wir wöllen heyme zu |
> Wir gahn schier an den Wänden |
> der Gluchssen hat kein rhu |
>
> Ich dürmel wie ein Ganß herein |
> daß mir der Schedel kracht.
> Das schafft allein der gute Wein:
> Alde zu guter Nacht.

Geb euch ein frölichen Morgen! ruft ihnen der Wirt noch nach.

Unter den Zurückbleibenden wird die „Heiterkeit" nachgerade bedenklich. Der Wein macht seine Wirkungen geltend. Zwei Trinker geraten in Streit, wobei die Ungenirtheit im Ausdrucke eine ziemlich weitgehende ist. Der Klügere, so scheint es, will nachgeben, aber auf das übermütige

> Heraus bist Mans werd,

das ihm der Andere in's Gesicht schleudert, geht es nicht mehr an. Man will abwehren, reizt aber dadurch die Wut der Streitenden noch mehr: Wie? soll ich hinauß? schreit empört der Eine, Potz hundert tausent Elen an enden!

Da sind die beiden Hähne an einander — und plumps —

Hie ligt er im Dreck inn aller Saunamen! meint der Sieger und stülpt sich die Aermel ab.

En jacet in trexis, qui modo palger erat! bemerkt der Philosoph von oben dazu, der eine Thatsache erst dann anerkennt, wenn sie auf lateinisch registrirt ist. Man lacht, und auch der Besiegte gibt sich zufrieden. Was soll, so meint er, und man weiß nicht, ob man es als Rechtfertigung, oder als Entschuldigung nehmen darf, was soll ein Mann | der nicht mit ein rauffen vnd sauffen kan | Ich haw eben so wär mit ein | als ich mit jm sauff | darumb heiß ich Schramhänßlin!

Aber nach einem ehrlichen Kampfe gehört sich auch ein ehrlicher Friede; die neutralen Zeugen bilden also das Schiedsrichteramt, und der Vorsitzende spricht zu den beiden Kämpen:

Sprecht nach | das jr wolt zufriden sein | was der Richter spricht | euch wegern nicht: Fang den Richtwein | die Richter haben sich gesetzt | Wer den andern hat verletzt | Fang dem andern das Deklin | Vnd bring jhm drey Geseklin | Vns auch auff den Schaden | Zwölff Maß Wein vnd zwölff Fladen | So seyt jhr aller Ansprüch entladen!

Ja volle wol | wir bedanken uns des Vrtheyls! so heißt die Erwiderung, und die Versöhnung ist geschlossen.

Aber die Aufregung hat den Durst neu gefacht. **Ich süff jetz das Meer auß,** so wendet sich einer zu seinem Nachbarn, **wann mir die Wasser auffhielteſt | die dreim lauffen.**

Auch die Wirtin, bevor sie, frühe genug, ihre Morgenruhe sucht, stattet den Gästen einen Besuch ab.

Hieher Fraw Wirtin trinkt eins für ewer Irrtin! ruft es ihr entgegen.

Geltet jhr Tronrcken | so spöttelt ein Anderer, welche nit gern spinnen | die geben gute Wirtin.

Die Wirtin darf keine zarten Ohren haben, um die derben Scherze ihrer Gäste ertragen zu können; sie versteht es auch recht wohl, tüchtig auf eine allzukecke Hand zu klopfen.

Einer der Zecher benützt ihre Anwesenheit, um sie zur Wiedereröffnung der schon geschlossenen Schränke zu bewegen; es gelüstet ihn noch nach

Häring auß der Thonnen inn Essig gezwibelet.

Während die Wirtin geht, dem Verlangen Folge zu leisten, wird auch eines Anderen Appetit rege.

Wirt hast nicht ein . . . . Sultz von Ochssenfüssen?

Unterdessen hat sich bald dieser, bald jener empfohlen, sei es, um sein häusliches Bett zu suchen, oder nur in einem stillen Winkel der Trinkstube sein Lager zu erwählen. Die Zahl der Lücken an der Tafel fängt schon an bedenklich zu werden; darum

Ruckt zusamen jr Knospen!

Nun ist auch für den Spielhaus von früher eine günstige Zeit: **Laſt uns eins toppeln | der minſt iſt Knecht**, und bald kollern die Würfel über die Tiſchplatte.

Irgend einer, der des Guten zu viel gethan, macht dieſes Zugeſtändnis in einer den Andern nicht gerade angenehmen Art, denn

das Gſang das inn den Gſellen ſteckt: Gar obel inn der Stuben ſchmeckt. — Halt den Kopff dem Ohen! rät ein Mitleidiger. Wie die Kur glücklich von Statten iſt, meint der Geneſene: **Jetzund trinck ich nur des meh!** Bei andern äußert ſich der Wein in anderer Weiſe, ſo daß der Wirt, um Bänke und Stühle beſorgt, ausruft:

Holla halt frid ihr Biderleut | wer ſchaden hat der trag jn heut; und ihnen zuſpricht: es iſt beſſer, ihr führet einander heym; es iſt wahrhaftig Zeit dazu, ſeht nur, wie der kugelt dort im ſchleym | ond hat die noten noch im Part!

Wenn dem Gefallenen auch das Aufſtehen ſchwer wird, ſo gibt er doch mit einem bewundernswerten Gleichmute zur Antwort: **wirfft ons der Wein ſchon in Treck nider | Gehn wir doch morgen zu ihm wider.**

Ein paar Freunde nehmen den Wankenden unter die Arme und wollen ſich mit ihm entfernen. Aber ein Sitzenbleibender ruft ihnen nach: **Hieher ihr onflåter | es ſoll noch dieſen ſtändlingen gelten!** Das iſt nun allerdings ein Verlangen, dem man Folge leiſten muß. Kühn geworden durch dieſen Erfolg meint aber der Verſucher jetzt: **Hieher ſetz dich neben mich | ich ſing dir eins.** Aber dieſe Lockung iſt zu wenig verführeriſch, als daß ſie wirken könnte. Der ſtändlingen iſt zu Ende, und ein Trupp zieht nach Hauſe.

Unter den Zurückbleibenden wird die Unterhaltung nachgerade kotig oder wäſſerig. Mit dem Trinken will es auch nicht mehr gehen, ſelbſt wenn ſich der Eine oder der Andere **den Gürtel auffſchnallt und dem Bauch ſeinen Gang laßt | wie ein fromme Fraw.** Voll iſt voll. Allerdings mag es gut ſein, wenn man für ſolchen Zuſtand die moraliſche Tröſtung in Bereitſchaft hat: **Wer ſich nicht vollſauffen darff | hat entweder ein böß ſtuck gethan | oder wils begehen!**

Der Wirt, welcher Grund zu haben glaubt, jetzt bei ſeinen Gäſten an der Urtheilsfähigkeit über die Qualität des Weines zweifeln zu dürfen, füllt den geholten Wein mit Waſſer nach. Doch er hat ſich getäuſcht; nach dem erſten Trunke ruft ihm einer der Gäſte zu: **Aber diſer iſt auff der Pleych geweſen | der Teufel hol den Pleycher | Wirt duck dich | er holt dich ſo bald als ein andern!**

Auch bei denjenigen, welche bis jetzt ausgehalten, macht sich nach und nach, selbst wenn die Sitzlust noch so ernste Gegengründe sucht, doch die Ueberzeugung geltend, daß es Zeit zu gehen sei.

Deßhalb zum Beschlusse ein weiß Kirssenwasser, das bringt die Sprach wider und zu allem Ende aus den umstehenden Kannen ein paar fein lange züg wie die Polnischen Geiger sie machen; dann
 Claudite, sat prata biberunt.

Chapitre VI.
Comment Gargantua nasquit en façon bien estrange.

Das neunt Capitel. Wie Gurgelstrozza in eben so wunder Abentenrlicher weiß geboren ward | gleich wie auch war seins ganzen Lebens art.

Rabelais bleibt dadurch, daß er nur ein kurzes Trinkergespräch wiedergibt, streng in dem Rahmen seiner Handlung und führt diese in vollständig entsprechender Art weiter, wenn er das sechste Kapitel beginnt: *Eulx tenants ces menuz propos de beuverye, Gargamelle commença a se porter mal du bas; etc...*

Fischart aber ist mit seinem achten Kapitel gänzlich aus der Rolle des objektiven Romanschriftstellers gefallen, wie er es ja theilweise auf jeder Seite thut. Sein neuntes Kapitel muß eben als eine Fortführung des siebenten betrachtet werden und was dazwischen liegt als eine geniale Randzeichnung, hervorgerufen durch eine von der geraden Arbeit abschweifende Gedankenreihe. Freilich, der kritisirende Pedant wird so etwas immerhin als eine Verunzierung des sauberen weißen Randes betrachten.

Im Anfange dieses Kapitels nimmt Fischart zu Gunsten der Handlung eine Aeuderung des Textes vor. In Folge der Erkrankung Gargamelles, so erzählt Rabelais, *Grandgousier se leva de sus l'herbe, et la reconfortoyt honnestement, pensant que ce feust mal d'enfant, et luy disant qu'elle s'estoyt la herbee soubz la saulsaye ...* (C'est-à-dire qu'elle s'étoit incommodée par la fraicheur de l'herbe, en s'y asseyant sous la saussaie. Esmangart.). Im Interesse der Situation bei der alsbald erfolgenden Entbindung ändert Fischart diesen letzten Satz in folgender Weise um: Grandgusier hieß sie sich unter den Wilgenposch dorthin ins graß strecken.

Nachdem Fischart das folgende Zwiegespräch der beiden Gatten bedeutend gekürzt, wandelt er durch eine ähnliche Aenderung wie die obige, ein bei Rabelais ganz harmloses Wort in einen für den verdeutschten Charakter des

Grandgusiers geradezu köstlichen Zug um. *Si cependent vous survenoyt quelque mal,* läßt Rabelais den Grandgusier sagen, *je me tiendray pres: huchant en paulme, je me rendray a vous. (Huchant en paulme =* sifflant avec la main, dont on forme un sifflet en disposant les doigts d'une certaine manière. Le Duchat.) Das heißt also, wenn Gargamelle etwas zustieße, so solle sie ihrem Gatten mit den Fingern pfeifen. Der Grandgusinger Fischarts aber meint Wa vnter des dich ein Wee anstieß | will ich bald bei dir sein | vnd inn die Händ mächtig fertig speitzen (zu besserer Assistenz der Hebamme).

Eine gelungene Uebertragung findet die Beschreibung von den Hantirungen der Hebammen und (als Zusatz) eine köstliche Behandlung die Schilderung der zwo alten verrosteten Schellen auß den beiwonenden Gevatterin | welche für grosse Kühärtztin vnd Alraundelberin geacht waren. Ebenso ist der Bericht von der wunderbaren Geburt des Gargantua mit geringer Erweiterung, aber in der gewohnten Art der Uebertragung übernommen.

Der Schluß des Kapitels jedoch: *Ne dict Salomon* etc. . . . . ist, mit Ausnahme einiger benützter Beispiele, vollständig anders gegeben und wurde zur scharfen Satire gegen den Wunderglauben und Legendenschwindel, wie er zu damaliger Zeit im Schwange war. Von besonderem Interesse ist hier eine Stelle (A. v. 1594, Bl. 105., b., 3. 21—28)[1]), in welcher sich Fischart gegen die maßlose Unflätigkeit der kirchlichen Polemik (auch auf der eigenen Partei) wendet.

Nur der abschließende Gedanke selbst: Aber was bemühe ich mich lang | die frembd Geburt zu bewehren . . . . zeigt wieder Uebereinstimmung mit der Stelle bei Rabelais: *Mais vous seriez bien dadvantaige esbahys . . . . et n'en tabustez plus l'entendement.*

---

[1]) Die Stelle ist zu derb, um sie hier wiederzugeben. Mit ernsten Worten spricht Fischart den gleichen Gedanken, jedoch nur an die gegnerische Partei gerichtet, in der Badkurtzwell aus:

O daß dir Gott die Sünd verzeih,
Daß du mit Christo treibst dein Gspel.
Heißt nach dem Alten Weg das sehen,
Wann Gottes Namen man thut schmehen?
Aber solch Sünden seind euch leicht,
Weil Ihrs nur abwäscht mit der beicht. (Weller, St. 34.)

Chapitre VII.

Comment le nom feut imposé à Gargantua, et comment il humoit le piot.

Das zehend Capitel. Mit was gelegenheit dem Gurgellantua der Nam war gegeben: Vnd wie er mit Träubelmüselen vnnd Börenmüffelen zubracht sein leben.

Rabelais erzählt die Benennung des neugeborenen Sohnes in folgender Weise: *Le bonhomme Grandgousier, beuvant et se rigoullant arecques les aultres, entendit le cry horrible que son filz avoit faict entrant en la lumiere de ce monde, quand il brasmoit demandant a boyre, a boyre, a boyre, dont il dit: QUE GRAND TU AS, (supple) le gousier! Ce que ouyans les assistans, dirent que vrayement il debvoit avoir par ce le nom de Gargantua, puisque telle avoit esté la premiere parolle de son pere a sa naissance, a l'imitation et exemple des anciens Hebrieux.*

Wenn wir durchgängig in dem Werke Fischarts finden, daß auf Formeigenheiten des Originals, deren möglichst genaue Wiedergabe bei einer Uebersetzung Unerläßlichkeit ist, wenn anders dieselbe den Charakter des Originals zur Schau tragen soll, nicht die geringste Aufmerksamkeit gerichtet wird, soferne sie nicht zufällig den Formliebhabereien Fischarts entsprechen; wenn wir dies, wie gesagt, im Allgemeinen finden, so haben wir in der Art, wie Fischart die Wortspiele Rabelais' behandelt, ein spezielles Beispiel davon. Er hält sich nicht lange dabei auf, die gleiche Spielerei in deutscher Form zu ergrübeln, sondern wenn ihm nicht gerade der Zufall rasch etwas ähnliches in die Feder gibt, so begnügt er sich mit der einfachen Wiedergabe des Sinnes.

So hier: **Wie hast so gar ein groß | supple, das ist zu verstehen | Gurgelstrosen. Darauff schloß gleich der gantz vmbstand vnnd vmbsitz einhellig | das dieser durstig Schreyling darumb müßl den Nam Gorgellantua oder Gurgelstrozza tragen.**

Gerade der Widerspruch, in welchem diese Nachläßigkeit zu dem lebhaften Eifer in Gedanke und Sprache steht, den wir in dem folgenden Zusatze Fischarts finden, ist uns wieder einer der vielen Beweise, daß er bewußter Maßen etwas ganz anderes wollte, als den Rabelais eben recht und schlecht in's Deutsche übertragen. Etwas mußte Fischart ja zur Grundlage seiner Auslassungen nehmen; und daß er diese Grundlage gerade in dem epochemachendsten Romane seines Jahrhunderts suchte, das möchte für ihn, besonders nach Berücksichtigung seines Zweckes, wohl schwerlich zum nachtheiligen Zeugnisse werden.

In diesem Zusatze kämpft Fischart für die Erhaltung der lieben, bedeutungsvollen, deutschen Namen. Das ist auch so ein Gegenstand, wo Fischart mit seinem Spotte nicht mehr zurechtzukommen weiß, sondern in tiefen Ernst umschlägt: **Unser sprach ist auch ein sprach | vnnd kan so wol ein Sack nennen | als die Latiner** saccus. **Ich glaube | man meint vnsere Vorfahren haben stäts geschlaffen | vnd nit eben mit so grossem bedacht gewußt jren lieben Kindern Namen zu geben | als die Griechen vnd Latiner. Wir haben jetz das frey Regiment | was dörffen wir vns nach den Sclavischen Römern nennen | die Herren nach den Knechten?** ...

Kein Volk gibt es, das so thöricht ist, dem Fremden und Unverständlichen immer und immer den Vorzug zu geben vor dem Einheimischen und Deutlichen, als nur das deutsche; der Name macht doch nicht den Mann, und am allerwenigsten der römische den Christen: darum fort mit dieser latinischen **Tirannei** mit us und Esels *ia!*

Der Name! — Es ist das im Verhältnisse zu allem anderen, worüber ähnliches zu sprechen wäre, allerdings nur eine Kleinigkeit (mag man sagen), um die sich Fischart so sehr ereifert. Aber wie für diese Kleinigkeit, so tritt Fischart für alles, was sein geliebtes, deutsches Vaterland betrifft, mit gleicher Wärme, ja Glut, in die Schranken; und wir als Deutsche haben wahrlich die allergeringste Ursache, gerade diese Eigenschaft an dem deutschesten Manne unserer Literatur der Reformationszeit zu verkennen.

Der Aufforderung an die Gevattern, das neugeborne Kind zur Taufe zu tragen, folgt bei Fischart ein Zusatz, der gegen seine gewohnte Art der Anspielung auf das politische Leben bedeutend absticht. Sonst finden wir derartige Bemerkungen immer nur als knappe, zum Vergleiche eingeschobene Sätze, oder nur Satztheile, und stets im Gewande des Humors. Hier aber läßt ihn seine persönliche Theilnahme für ein Volk in Worte ausbrechen, welche an jeden Leser die heiße Erregung und das tiefe Mitgefühl verraten müssen, womit sie niedergeschrieben wurden.

Hebt das Kind jr lieben Paten (ruft Fischart aus) **| wie die frommen Cheiben die Eydgnossen jren lieben Pfetterman König Heinrich | welcher wol hat ein grosser Haine müssen werden | vnd neben der Plusoltischen Sonnen | sein der Alon der Erden | weil ein gantz Land an jm gehebt hat | ja ein Land von grossen hohen Bergen | vnnd langen schmalen Kruten. Aber botz Chüwunden | es kost diß Göttelkindlein manchen feinen Abbezeller chnaben | vnnd manch weydlichen Pfettern: so gehts wann Pauren der Edelleut genattern**

wöllen sein. Es hartet sich selsam | der ein hebt zu auß dem Tauff | der ander zu danck ins Grab.

Den folgenden Theil des Kapitels übernimmt Fischart in wenig erweiterter Uebertragung, bei der jedoch, obwohl kein einziger Gedanke des französischen Originals übersprungen ist, ein Vergleich von Satz zu Satz nicht möglich ist. Es trägt eben das Werk Fischarts immer und überall einen eigenen Charakter zur Schau, der sich, wenn man es mit zwei Worten bezeichnen will, zu dem des Vorbildes verhält, wie der Begriff „deutsch" zum Begriffe „französisch".

Chapitre VIII.
Comment on vestit Gargantua.

Das Eilfft Capitel. Von des Gargantua lustiger Kleidung | und deren Bescheidung.

Rabelais gibt in diesem Kapitel nicht viel mehr, als eine trockene, wenig unterhaltende Aufzählung von Kleidungsstücken des Gargantua, denn die ungeheuren Zahlenangaben, das einzig Hervorstechende an diesem Kapitel, sind weniger witzig, als absonderlich. Auch muß es mit dem inneren Werte desselben nicht so weit her sein, wenn Esmangart nicht mehr darüber zu sagen weiß, als: La prodigieuse quantité d'étoffes employées à habiller le jeune Gargantua, ainsi que les diamants et autres parures qui ornent son habillement, ne sont mis ici que pour donner une idée du faste, de la profusion, et de la dépense énorme qu' occasione la toilette et l'entretien des princes. Also das ganze, lange Kapitel um nichts weiteres, als prinzliche Hosen? Das ist allerdings ein sehr kleiner Eierkuchen für einen so „großen Satiriker".

Bei Fischart dagegen wird das Kapitel zu einer ebenso treffenden, als unterhaltenden Satire gegen die Modeextravaganzen, nicht nur seines Volkes, sondern des ganzen, damaligen Europas. Er folgt zwar bei der Beschreibung von Gargantuas Tracht durchwegs dem französischen Texte, aber wie wir immer schon gesehen, so liegt auch hier der Schwerpunkt seiner Bedeutung nicht in der Uebertragung des Originals und selbst nicht in den von Fischart herrührenden, sachlichen Erweiterungen, sondern lediglich in den subjectiven Bemerkungen, die er an eine vorausgehende Handlung oder Schilderung zu knüpfen pflegt.

So beschreibt Fischart den Schnitt von Gargantuas Hemd und fügt hinzu: unserem Sönlin macht man das Hembd außgeschnitten | wie die alte

Schweitzerische Goller ... Dann es waren auch damals die hohen Krägen noch nit | biß hernach da die Bäder ab vnd die heilige Franhosen auffkamen | daß man den schmutzglitzenden vnd Purpelschwitzigen nacken vnd hals mußt vor den Leuten decken .... jetzund muß es spannenlang auff den achßeln liegen: Das können die Studenten zu Pariß dem Hoffgesind mit Papir so fein nachmachen | dz man sie in die Resich schließt.

Gargantua braucht gerade nicht wenig Stoff zu seinem Wammse, meint Fischart weiter, aber er hett noch so vil müssen haben | wann man damals | wie heut | die Wämster mit anderem gellümp hett durchspicket, oder die Aermel von einem Schnitte getragen, daß man dem Kuchenlumpen zu leyd den Teller damit feget, soferne die Leute nicht, wann sie mit der einen hand in die Plat langen | mit der andern den Ermel halten.

Auch den Abschnitt *de la braguette de Gargantua* übernimmt Fischart und setzt, nachdem er die Beschreibung gegeben, hinzu: Er trug sie nicht zum vorwort | wie manche schlump das Pißsäcklin ins Bad | wie die Schwäbin den Korb | vnd wie die Schweizermeydlin den Eymer wann sie Seyff hauffen. Oho | er dorfft nicht wie jener Baurenhebel ein Gänßkrag drein stecken | gleich wie die Paßlerkacheln lumpen für dlitten. — Fischart weiß wohl, daß dies ein Kapitel von sehr zweifelhaft ästhetischem Werte ist, aber man muß solch ding den Leuten beschreiben | weil sie so grosse kurtzweil mit treiben | zu sehen ob mans kan erleyden vnd vertreiben.

Ein fein Wapenröcklin trug unser Gargantua auch, daran Silbere Schellelein vnnd Flinderlein zum Thurniren vnnd Schlittenfahrn an Kettlein hingen. Dann solchs war damals der Brauch | .... Seither aber die Thurnier | das ist | die Adels Probir | sind abgangen | haben die Fuhrleut jren Gäulen die Schellen angehengt.

Auch einen herrlichen Gürtel trug Gargantua, sintemal der Gürtel ein zeychen der Ritterschafft bei den alten war | wie auch noch bei den Engelländern | wiewol dasselb ist ein Hosenbendel.

In ähnlicher, meist noch derberer Weise finden wir durch das ganze Kapitel hindurch an jedes einzelne Kleidungs- Schmuck- oder Waffenstück Bemerkungen oder Betrachtungen gereiht, welche uns im Zusammenhalte mit all den vielen anderen Stellen des Romanes (besonders Kap. 36) die satirische Umschreibung der kurzen, aber ernsten Mahnung Fischarts an seine Leser darstellen: Schlicht wie euer Herz sein soll, sei auch eure Kleidung! Es ist allerdings wahr, meint er, kleidung ist der Mann | wer sie hat zu legen an. Aber in *vestimentis* ist nicht Sapientia *mentis!*

Chapitre IX.

Des couleurs et livree de Gargantua.

Das zwölfft Capitel. Von den Hoffarben vnd Gemerckreimen des Gurgelgrossa vnd seins Sönlins | des schönen Hembdsäulins.

Dieses Kapitel zeigt eine große Uebereinstimmung mit dem französischen Texte, soweit bei Fischart, wie schon öfters bemerkt, dieser Ausdruck überhaupt zulässig ist. Der hier behandelte Stoff ist aber auch zu spezieller Natur, als daß er Fischart besonders Gelegenheit und Anreiz zu eigenen Auslassungen geben konnte. Er weiß ihn für seinen Zweck nicht zu gebrauchen, aber da er nun einmal ein Stück seines Rahmens ist, so beläßt er ihn. Gerade daraus jedoch, daß er so thut, ist wieder ersichtlich, daß er selbst das Hauptgewicht seiner Arbeit in die viel betrittele Subjectivität der von ihm an den Stoff geknüpften Erörterungen legt. Würde Fischart nur im mindesten die Absicht gehabt haben, den Roman Rabelais' als solchen zu verdeutschen (dieses Wort im weitesten Sinne gebraucht), so hätte er sicherlich dieses Kapitel, sowie das nächste hinweggelassen, oder dasselbe doch in solcher Weise vertirt, daß es mit dem Originale nicht den geringsten Gedanken mehr gemeinsam gehabt hätte, wie denn überhaupt die Handlung an und für sich in einem solchen Falle Aenderungen im ausgedehntesten Maße verlangt haben würde. Fischart wollte eben nichts weniger, als eine deutsche Hofsatire in der Art schreiben, wie es Rabelais als Franzose gethan. Aber auch hier, wo Fischart nur übersetzt, verläugnet sich sein Humor und sein Witz nicht. Man vergleiche nur den Beginn des Kapitels: *Le blanc luy* (dem Grandgousier) *signifioit joye,* erzählt Rabelais, *plaisir, delices et resjouyssance; et le bleu, choses celestes. J'entends bien* (und hier wird auch Rabelais, wie an einzelnen andern Stellen, subjectiv) *que, lisans ces motz, vous vous mocquez du vieil beuveur, et reputez l'exposition de couleurs par trop indague et abhorrente: et dictes que blanc signifie foy; et bleu, fermeté.* Diese letztere Stelle gibt nun Fischart folgendermaßen: Ich förcht ewer etlich werden schmollen | diser sachen vnd des alten Trinckers wol lachen | daß er so sinnspitzig das Nadel Loch trifft | vnd gereimt die Farben außleget u. s. w.

In ähnlicher Weise fährt Fischart mit der Uebertragung fort, und erst gegen den Schluß des Kapitels finden sich größere Erweiterungen. Besonderen Humor zeigt hier die Deutung hieroglyphischer Zeichen, z. B. ein Schöffel (bedeutet) ein Rathsherr; ein Kessel ein Richter | ein Cantzel ein Predigkantzen: zwen Finger ober eim Kelch ein Priester u. s. w.

Chapitre X.
De ce qu'est signifié par les couleurs blanc et bleu.

Das Dreizehend Capitel. Was bedeut werd durch Blau vnd Weiß; auch nach Natürlicher weiß.

Im allgemeinen gilt über dieses Kapitel das Gleiche, was über das Vorangehende gesagt werden mußte.

Neben einzelnen Feinheiten der Uebertragung, wie wir sie ja in jedem Kapitel finden, und deren Aufzählung und Würdigung lange Seiten in Anspruch nehmen müßte, ist hier besonders der Abschnitt von Bedeutung, welcher über den Charakter der Franzosen handelt.

Der Umstand, daß „weiß" Freude und Frohsinn bedeutet, sagt Rabelais, *c'est la cause pourquoy Galli (ce sont les Françoys, ainsi appellez parce que blancz sont naturellement comme laict, que les Grecz nomment gala,) voulentiers portent plumes blanches sus leurs bonnetz. Car, par nature, ilz sont joyeulx, candides, gratieux et bien esmez; et, pour leur symbole et enseigne, ont la fleur plus que nulle aultre blanche, c'est le lys.*

Bei Fischart nun lesen wir dafür: Daher kams | das die geyle | gobelige | gogelige | guckelhaunige Gallier (mit welchem Namen die ober Reinige Francken benant werden | von wegen das sie gemeynlich weiß sind | wie Milch im Kolsack | welche die Griechen Gala nennen) gern weisse Federn auff den Hüten tragen. Weil sie von Natur freudig | Lustig vund (mit zweyen Worten zu sagen) leichtsinnig vnud leichtfertig sind: dauhen auff eym Fuß | wa ein Schweyher Baur zwen bedarff | gleichwol nicht rahtsam ist | sich von eym solchen Heyne von Vry mit Füssen tretten zu lassen: Ja diese Feder Francken hönnen den ganhen Leib mit der Deckelhauben im sturm decken | da ein breiter Plateiselschwab auß seim Rucken ein Rückhorb macht | so vil steyn trägt er daruon: Ja hupffen wie ihr Kahenspiliger Ball | eh ein anderer auffsteht | sind sie ein halbe stund gelegen | springen einem mehrer vmb ein Haller | als ein Potter Holländer oder ein entzwey gebrochener Lamer Seeländer vmb ein Thaler. Sie bestehen wie ein Velh auff seinen ärmeln. Darumb haben sie auch die allerweissest | zartest vnnd hinfelligest Blum die Silg zu eym zeichen im Wappen.[1])

---

[1]) Man vergleiche hier noch zwei andere Stellen des deutschen Gargantuas A. v. 1594. Bl. 148 b. Das Volk zu Pariß ist so närrisch | so sohenlbürlich | so fußspihig | so wandersühig | so fürwihig von Natur | daß ein Gaukler | ein Quacksalber | ein Ablaß-

Diese Version des französischen Textes bedarf wohl keines weiteren Commentares.

Da es an dieser Stelle nicht möglich ist, den Vergleich der einzelnen Kapitel in der geschehenen Weise für den ganzen Roman durchzuführen, so muß es für den weiteren Verlauf desselben wohl genügen, wenn nur einzelne, besonders bedeutungsvolle Momente der originalen, oder umschaffenden Arbeit Fischarts, und auch diese nur in möglichster Kürze hervorgehoben werden.

Rab. XI. Fisch. XIV. In diesem Kapitel, welches die Lebensweise des Knäbleins Gargantua schildert, sehen wir auf Seite Fischarts wieder einen großen Vorzug vor Rabelais. Während dieser fast durchgängig nur das komische, zwecklose (wenigstens dem erwachsenen Beobachter so erscheinende) Gebahren einer noch kindischen Natur hervorhebt, finden wir bei Fischart daneben auch die reine Unschuld eines kindlichen Gemütes, einer kindlichen Denk- und Handlungsweise gezeichnet. Wie herzlich ergötzt den Leser diese treffende Natürlichkeit der in einem Kinderkopfe umher schwirrenden, unklaren und abenteuerlichen Anschauungen von Dingen und Begriffen, wie sie uns Fischart hier aufführt. Dieser Unterschied in der Behandlung des vorliegenden Stoffes liegt allerdings weniger in der inneren Verschiedenheit der beiden Schriftsteller, als vielmehr in der äußeren Thatsache, daß Rabelais immer und immer nur eine spezielle Person, Fischart aber den Menschen im allgemeinen ins Auge faßt. Es mag ja möglich sein, daß dem Gargantua-Franz des Rabelais diese von Fischart berührten Eigenschaften abgingen,

---

krämer | ein Maulesel mit Cymbalen vnnd Schellen | zwei balgende Weiber | ein Teutscher Latz auff dem Kopff | ein blinder Spieler auff der Strassen | mehr Volks solte sammelen als der best Euangelien Prediger: dann die Regel gilt bei jnen | Ist es nicht besser | so ist es doch schöner ...

Bl. 149 b. es seind die Pfarrhöfer von Natur beydes gute Inreuers vnnd Iuristen | Gottsächler vnnd Guisrechter | Sarenschelffer vnnd Pfarrenreißer | die nur jhren lust haben den Leuten außzuschnelden vnd Häuser nider zu reissen | darumb heissen sie Bärenreißer | sind freche Parides | die in den Todten Achillem stechen | sind Hasen die vmb den todten Lewen dauhen vnd jhm den Bart außreissen | da her sie heissen vom Bart reissen | sind öpffelspiler zu ernst | wie jhr Hundsfutt Parisi | fressen die todten Hugenotten in Pasteten. Weil sie dann so mutig mit worten vnd werden sind | so meinet Joaninus de Barrauco in Buch *de copiositate reurentiarum* daß sie auff Griechisch Parrhesier genant seyen worden | als sarrenfrech mit schwetzen vnd pletzen | Ja par Esel | vnd ein par häßle lun einer heissen Birenpastet. Mals horch Patelser | wann einer dein fleisch inn einer Pasteten eß | freß er nicht Schelmenastelsen? ich frag nur.

und daß somit den französischen Hoffatiriker nach dieser Richtung kein Vorwurf treffen kann.

Rab. XIV. Fisch. XVII. Das Kapitel verbreitet sich über den lateinischen Unterricht, welchen Gargantua von einem Sophisten erhielt; es ist unter der Feder Fischarts zu einer meisterhaften Satire geworden gegen die Art und Weise, in der man zu damaliger Zeit großentheils das Studium der lateinischen Sprache zu betreiben pflegte. Welcher Aufwand von Witz und Humor liegt nicht schon dieser schönen Nomenklatur und Spracherklärung, darin Fischart zur Charakteristik der neulateinischen Wortbildungen Vokabeln aufführt, wie *Vilhelmus Strosach; Vilrincus Panzer,* biszinkus Ofengabel, *antecopium* Forschopff; *Blauipes Plaufuß; horripilatio* Hargrausen; *casiprodium* Käß vnd Brot; *burgimagister* Burgermeister; *cantrifusor* Kannengisser; *figellator* fideler etc.

Oder man lese, wie Fischart den Gargantua die Collectas exponiren läßt: *Quesumus,* die wir find | *Omnipotens Deus* himlischer Vatter | *Vt Beatus Apostolus* Das Sant Part | *imploret* bewein | *Pro nobis* für uns | *tuum auxilium* dein Elend | *vt absoluti,* das so wir bezalt haben | *à nostris reatibus* unsern Schuldnern | *etiam exuamur,* das wir nicht außgezogen werden | *à nostris peruculis* von unsern Kleydern u. s. w.

Es ist richtig, Fischart übertreibt, aber in dem richtig bemessenen Ueberschreiten des Thatsächlichen beruht ja die Wirkung der Satire und wohl kein Leser wird sagen können, daß er die beabsichtigte Wirkung nicht empfunden habe, während er die vorliegenden Abschnitte gelesen, oder gar die beyden Partes für die Tabulisten und Centonisten:

Es tu Scholaris?
Sum Scholaris verè, si non vis credere, quaere!
Waher kompt Volo?
Vom Griechischen Beniamin | das Vein in *Vo* vnd Jam in *lo* vnd das in geht ins Stro.
Kehr vmb *sum!*
Muß!
Kehr vmb muß!
Sum!
Und ein T darzu!
Stumm.

O ihr Gelehrten, so schließt Fischart sein Kapitel, ich hab ewer Weißheit heut den ganzen tag gesucht | vnd nie können finden!

Rab. XIX. Fisch. XXII. Die Rede des Jonatus de Bragmarda. — Fischart hat sich hier durchweg an den Gedankengang des französischen Textes gehalten und seine verbessernde Hand nur an die Form gelegt. Es gelingt ihm, die Arbeit Rabelais', die einer mit verworrenen, unklaren Strichen rasch hingeworfenen Skizze gleicht, durch planmäßiges Auseinanderzerren oder Zusammendrängen dieser Striche und hie und da durch eine eigene Nachbesserung in eine stilkonsequente Charakterzeichnung umzugestalten. Bei Rabelais schwätzt Janotus gutmütig dumm daher, wobei schon von Beginn seiner harangue jeder Gedanke und jede Construktion stark nach dem genossenen Weine duftet.

Fischart füllt aber im Eingange der Rede jede Gedankenlücke sorgfältig aus; seine Construktionen sind gewagt, aber immer noch korrekt; seinem Janotus merkt man offenbar die Anstrengungen an, welche er macht, um den in seinem Kopfe aufsteigenden Dusel niederzukämpfen, um strikte nach den Regeln der Rhetorik zu sprechen und um jeden Gedanken streng logisch auf den andern zu bauen. Bald aber wird der Wein stärker als der Wille des armen Janotus. Die Gedanken wollen sich nicht mehr recht auf der Bahn seiner These halten lassen, und über der Mühe, dieselben nach seiner Schablone zu zwingen, merkt er selbst sicherlich nicht, daß er den Zuhörern die Geheimnisse seiner rhetorischen Kunst preisgibt: Mein Major ist gehört | folgt *Minor cum Conclusione* — und später: *Nunc probo*. Dabei spricht er sich immer mehr in Eifer; je heißer ihm der Wein zu Kopfe steigt, desto planloser und verworrener wird seine Rede, sie schweift nach allen möglichen und unmöglichen Richtungen ab, bis sie schließlich in breites, nichtssagendes Geschwätz ausartet. Dabei bringt er es auch natürlicher Weise zu keinem eigentlichen Schlusse. So wie ihm gerade einmal die Worte ausgehen, affektirt er einen Hustenanfall, und das Gelächter, in welches seine Zuhörer ausbrechen, ist ihm jedenfalls eine willkommene Veranlassung, nicht mehr weiter zu sprechen.

Eine ähnliche Umänderung in der Form erfährt *Rab. XXIX* in *Fisch. XXXII*. Der Brief des Grandgusiers an seinen Sohn Gargantua. Der Stil dieses Kapitels ist von dem gewöhnlichen Stile Fischarts sehr verschieden und es ist unverkennbar, daß dadurch nichts anderes bezweckt ist, als eine Parodie des behäbig breiten, umständlichen und altmodischen Stiles bejahrter Leute: Wir finden das wieder consequent durchgeführt vom Beginne des Briefes bis zum Schlusse: Datum 20. Sept. underschrieben: Dein Vater Grandgoschier. Schließlich fügt Fischart noch über das Aeußere des Briefes hinzu: **Versigelt mit Canarrischem Wachß | vnd oben auff der oberschrifft drey** *Jto* **in eim grossen** *C;* also in dieser Weise

wie man ja auch heute noch auf Briefen den völlig zweclosen Zusatz *cito* oder *citissime* lesen kann.

Rab. XXX. Fisch. XXXIII. Dieses Kapitel, das bei Rabelais nur ca. 20 Zeilen umfaßt, hat bei Fischart eine Erweiterung um mehr als das Fünffache erhalten; statt aber diese Erweiterung auf die Handlung auszudehnen, wie es hier mehr als anderswo angezeigt gewesen wäre, bleibt Fischart sich consequent und bringt wie immer nur eine subjektive Auslassung, die er diesmal allerdings dem Gallet in Form eines Monologes in den Mund legt, oder um es mit Fischarts Worten zu sagen, er läßt ihn wie ein Comedischen gesanten vom Himmel mit ihm selber reden.

Inhalt dieses Monologes ist die Unbeständigkeit des Glückes, insbesondere des Herrscherglückes. Aber auch dieses Glück selbst ist beschwerlich, denn ein König ist wie die unruh in der ohr | ja wie das Schiff auff dem Meer | das die Wind vnd Wellen jetz dahin | jetzt dort hinauff stossen. So wetterwendisch, wie des Grossen eigenes Glück, ist auch seine Gunst. Herrn sind Katzenart | streicht man sie glatt rucken ab | so recken sie den Schwantz | streicht man sie widerporstig hinauff | so Funkelen sie. Es gilt hier der alte Spruch: Grossen Herrn vnnd schönen Frawen | soll man wohl dienen vnd vbel trawen | dann jhr beyder lieb hat Sonnenart | fellt so bald auff ein Kühtreck als auff ein Rosenblatt. Was hilfft es, bei Herrengunst auf Recht oder Verdienst zu pochen; jener, der einen heißt die steg hinauff tretten | der kann einen wider heissen hinab schmettern. Ja lieber Hoffman | ziehet man dich mit Haaren hinauff so ziecht man dich mit den Beynen herab. Aber wenn dir so etwas passiren sollte, Sey nur frölich vnnd lach nicht | fall die steg ein vnd rumpel nicht: Jedoch | empfangens auch die Herrn alsdann | wie sie es außgeben: ruffen sie Hotta | so gehts Wüst: da gibts dann beydes *Et Caesar & Nolo:* doch bleibt er stäts das Haupt seiner Länß. Aus dieser Stelle, und aus so manchen ähnlichen sieht man klar, wie wenig Anlage zum Hofsatiriker Fischart hatte.

Rab. XXXII. Fisch. XXXV. Die Zurückerstattung der Weden. — Rabelais läßt den *Toucquedillon* in der Anrede, worin derselbe den *Picrochole* aufreizt, das friedliche Entgegenkommen des Grandgusiers zurückzuweisen, gleich von vornherein sagen: *Je suis d'opinion que retenons ces fouaces et l'argent* etc. . . . worauf *Picrochole* antwortet: *faictes ainsi que avez dist;* auf diese Weise ist der ganze folgende Absatz *D'une chose — ce qu'ilz ont amené* vollkommen zwecklos und überflüssig, da er nur eine breite Wiederholung des bereits Ausgesprochenen enthält.

Bei Fischart aber sagt Trockenbeller: Mein Meynung wer | man schickt ihnen ihre Notelkrapffen vnd Gelt wider heym | ließ sie ein Pfeffer darüber machen! und versucht vorerst nur, seinen König zum Abbruch der Friedensverhandlungen zu bewegen, indem er ihm glaublich zu machen sucht, die Gurgelstroßer wären ihm nur so gelassen entgegengekommen, weil sie ihn um seiner früheren Milde willen verachteten; erst dann, nachdem er den Picrochol so weit gebracht, sucht er ihn auch zu bewegen, die Wegnahme des Geldes und Backwerkes gut zu heißen.

Wieder ein Beweis, wie kritisch Fischart bei der Bearbeitung der psychologischen Momente zu Werke ging.

Ebenso muß es *(Rab. XXXIII, Fisch. XXXVI)* ein gelungener Griff genannt werden, der wesentlich zur feineren Charakterisirung des Picrochols beiträgt, wenn Fischart denselben (da wo er bei Rabelais den weitfliegenden Plänen seiner Generale stumm zuhört und später nur eine kurze Bemerkung einwirft) sich sofort von der Idee einer Welteroberung begeistern läßt, wobei ihm Pläne zu Kopf schießen, welche diejenigen seiner Feldherren an Abenteuerlichkeit noch weit übertragen. Picrochol kommt in seinem vorgefühlten Siegestaumel nicht eher zu einem wirklich überlegten Gedanken, als bis die Furcht in ihm rege wird, seine eigene, heilige Persönlichkeit könne unter den Fahrnissen des Krieges an irgend etwas Mangel leiden müssen, und sei es nur an frischem Weine.

Wenn Fischart den abmahnenden *Echephron* statt der Worte: *J'ay grand paour que toute ceste entreprinse sera semblable a la farce du pot au laict; duquel ung cordouanier se faisoyt riche par resverie, puys, le pot cassé n'eut de quoy disner,* die in jeder Beziehung köstlich ausgeführte Fabel vom Einsiedler mit dem Honigtopfe[1]) erzählen läßt, so entspricht diese Breite ganz der Zeit, aber auch der Bornirtheit von *Echephrons* Zuhörern.

---

[1]) Die Geschichte von dem Einsiedler mit dem Honigtopfe war allerdings auch sonst zu finden; wie aber Fischart dieselbe erzählt, klingt sie doch zunächst an den Schwank H. Sachsens an: Hopf. I. 281 fgg. Wackernagel a. a. O. S. 96. Anm. 201. Der Unterschied ist aber ein ziemlich bedeutender. G.

Die hier angeführten Punkte sind, wie schon voraus bemerkt wurde, nur ein Theil derjenigen, welche besonders hervorstechen und für die Beurtheilung der Arbeit Fischarts besonders charakteristisch sind. Wollte man an jedem einzelnen Kapitel jedes einzelne Bemerkenswerte hervorheben, so würde der Raum einer derartigen Arbeit denjenigen von Fischarts eigenem Werke mindestens um das Zehnfache übersteigen.

Nun erübrigt nur noch, die Erweiterung, welche das französische Original durch Fischart erfahren hat, nach ihren räumlichen Verhältnissen zu betrachten.

Wenn man (*Fischart*, Ausg. 1594 und *Oeuvres de Rabelais, Paris, P. Jannet 1858*) den französischen mit dem deutschen Drucke in Bezug auf die Wortmenge einzelner Seiten vergleicht, so zeigt sich, daß 19 Seiten bei Rabelais ziemlich gleichbedeutend sind mit 20 Seiten bei Fischart. Es ergibt sich somit, da der französische Text 169, der deutsche 546 Seiten enthält (die 575 wirklichen auf Seiten Rabelais' reducirt), für die ganze Arbeit das Verhältnis 1 : 3,23.

Dieses Verhältnis ist aber nicht konsequent für den ganzen Roman durchgeführt.

Betrachten wir zuerst die Raumverhältnisse des französischen Textes nach einer gleichmäßigen Anzahl von Kapiteln:

Zahl der Kapitel.	Fortlaufende Seitenzahl.	Wirklicher Raum.
Prolog — Kap. 9	von Seite 1 bis Seite 33	33 Seiten
Kap. 10 — „ 19	„ „ 34 „ „ 59	26 „
„ 20 — „ 29	„ „ 60 „ „ 94	35 „
„ 30 — „ 39	„ „ 95 „ „ 121	27 „
„ 40 — „ 49	„ „ 122 „ „ 146	25 „
„ 50 — „ 48	„ „ 147 „ „ 169	23 „

Bei Fischart finden wir für die **entsprechenden Kapitel**:

Zahl der Kapitel.	Fortlaufende Blätter.	Wirklicher Raum.	Reducirter Raum.
Vorrede — Kap. 12	Blatt 1a — Blatt 124a	247 Seiten	235 Seiten
Kap. 13 — „ 22	124b — „ 156a	64 „	61 „
„ 23 — „ 32	156b — „ 211a	110 „	104 „
„ 33 — „ 42	211b — „ 244b	67 „	64 „
„ 43 — „ 51	245a — „ 267b	46 „	44 „
„ 52 — „ 57	268a — „ 288a	41 „	38 „

Wie aus dieser Tabelle ersichtlich ist, nimmt der räumliche Umfang der von Fischart in das Werk gebrachten Erweiterungen von zehn zu zehn Kapiteln fast verhältnismäßig ab.

Ein großer Theil der Beurtheiler Fischarts hat den Grund dieser Thatsache in einer Abspannung und Ermüdung Fischarts sehen wollen. Wäre dies wirklich der Fall, so müßte sich diese Ermüdung, mehr noch als an der Raumabnahme, an einer Verminderung der Kraft und Frische im Ausdrucke, an einer Abstumpfung in der Schärfe des Gedankens und an vielen anderen Dingen zeigen, an denen auch nicht das Geringste von Ermüdung wahrzunehmen ist.

Der einfache Grund dieser Thatsache ist nur der, daß sich gegen das letzte Drittel des Buches die eigentliche Handlung immer mehr und mehr drängt, daher jene allgemeinen Stellen immer seltener und seltener werden, an welche Fischart seine subjektiven Erweiterungen anzuknüpfen pflegte, oder vielmehr anknüpfen wollte und konnte.

II. Abschnitt.

Die Beurtheilung, welche Fischarts Gargantua, sowie sein Verhältnis zu Rabelais in der Literaturgeschichte gefunden hat.

„Nachdem die nüchterne und trockene Periode des Opitzischen Geschmackes eingetreten war, wurde die Zahl derjenigen, welche Fischarts Schriften kannten, lasen und liebten, immer kleiner; man hörte auf, seine Bücher zu drucken, das Gedächtnis seiner Werke erlosch fast ganz, und sein Name verschwindet völlig".[1]) Nur bei einigen Straßburger Schriftstellern wird seiner, und auch da nur aus lokalen Interessen, vorübergehend Erwähnung gethan. „Valentin Andreä war allerdings Fischarts Lobredner, theilweise sein Geistesverwandter und Nachahmer, aber auch Valentin Andreäs Wirksamkeit lag nicht in der Mitte, sondern an abgelegeneren, einsameren und beinahe verlorenen Stätten des literarischen Marktes".[1]) Die erste größere Notiz über Fischart, welche sich in der Vorrede von Zinkgrefs Ausgabe der Opitzischen Gedichte (1624) findet, nimmt nur Bezug auf die poetischen Produkte des Mentzers und erst der Umstand, daß Andreas Gryphius an einer Stelle den Ausdruck „affenteuerlich" gebraucht, läßt einen schwachen Schluß ziehen, daß derselbe den Gargantua Fischarts gekannt habe. Justus George Schottel gibt in seiner „Ausführlichen Arbeit von der deutschen Haubtsprache" allerdings den Titel der Geschichtsklitterung bekannt, aber erst Vincenz Placius ist es, der in seinem *Theatrum Anonymorum* den Johann Fischart namentlich als „den Verfasser des Graudgousiers" aufführt.

Ein wirklich ausgesprochenes Urtheil über Fischart, als den Verdeutscher des Rabelais, findet sich somit erst, wenn Bodmer (1743) in seinen kritischen Lehrgedichten denselben einen „Kopf von Rabelais' Verwandten" nennt; allem Anscheine nach mag Bodmer auch nur den Gargantua im

---

[1]) Vilmar, in Ersch u. Grubers Enc. Art. Fischart.

Auge gehabt haben, wenn er in der „Sammlung der Zürcherischen Streitschriften" sagt[1]): „Die veralteten Wörter, die abgeschafften Redensarten, die harten Silbenverbeißungen[2]) sind den meisten von unseren heutigen Lesern und Kunstlehrern allzu anstößig, als daß sie sich überwinden könnten, den Sachen und Gedanken, die darunter verborgen liegen, nachzusuchen". Der Wert dieser letzten Worte, in denen man immerhin eine für Fischart günstige Meinung vermuten möchte, wird allerdings wieder sehr beschränkt, wenn man ein paar Seiten später (S. 72) zu lesen findet: „in seiner freien Uebersetzung hat Fischart den Rabelais selbst, den Vater der lotterbübischen Schreibart, beinahe übertroffen." Was nun auch Bodmers eigene Meinung gewesen sein mag, ihm ist jedenfalls das Verdienst zuzusprechen, die Aufmerksamkeit der Leserwelt wieder auf Fischart gelenkt zu haben; und daß Fischart von da an wirklich häufiger gelesen wurde, ist daraus ersichtlich, daß Lessing gelegentlich seiner Notiz über Fischarts Hexameter[3]) schreiben konnte: „es ist bekannt, wie frei der deutsche Uebersetzer[4]) des Rabelais mit seinem Originale umgegangen und wie viel er ihm eingeschaltet hat." Auch ist Lessing der erste, welcher Fischart mit dem Namen des „deutschen Rabelais" belegt.

Gegen Ende der siebziger Jahre erhob sich zwischen M. Johann Friedrich Heynatz,[5]) H. G. v. Bretschneider[6]) (und später) Adelung[7]) und Blankenburg[8]) einerseits und Chr. Fr. Eberhard[9]) und Dr. von Anton[10]) ꝛc. anderseits der bekannte, von letzterer Seite mit wenig Vorsicht geführte Streit über eine Ausgabe des Gargantua vom Jahre 1552, der erst 1829 durch Meusebach[11]) seinen endgiltigen Abschluß erhielt.

Heynatz ist es nun, welcher den Titel der Ausgabe 1575 abschreibt und über denselben (der doch im Verhältnis zu dem der späteren Ausgaben

---

[1]) II. Band, 7. Stück, Seite 57 ff.
[2]) Eine Bezeichnung, welche neben der Firma „freie Uebersetzung" stereotyp geworden ist.
[3]) Aus den Briefen, die neueste Litteratur betreffend, 18. Brief.
[4]) Lessing kannte nur die Ausgabe der Geschichtklitterung vom Jahre 1617.
[5]) Goth. Magazin der Künste und Wissenschaften, I. Band, S. 168.
[6]) Der „Ungenannte" in Praga und Hermode, Band 1, Abtheilung 2, Seite 198 sowie in Goth. Gel. Zeitung, 1795, Nr. 90, Seite 807.
[7]) Fortsetzung zu Jöchers allgemeinem Gelehrten Lexikon, Leipz. 1787.
[8]) Zusätze zu Sulzers Theorie der Künste und Wissenschaften, Leipz. 1796—1798.
[9]) Reichsanzeiger, 1795, Nr. 113.
[10]) Deutsches Museum, Leipzig 1778 (Dezember), Band 2, Nr. 8, Seite 543.
[11]) Allgemein. Litteraturzeitung, 1829, Nr. 55 und 56.

einfach ist) ausruft: „Welch ein horribler Witz!¹) Ist es glaublich, daß eine neue Auflage solcher Dinge in Deutschland Käufer finden werde?" Es dürfte, nach diesen Worten zu schließen, nur schwer glaublich sein, ob Heynatz mehr als den Titel dieses Buches gelesen habe, das zudem sein Eigentum war.

Küttner ist es, der zuerst auf die Grundlage aller anderen Eigenschaften Fischarts als Satiriker hinweist, wenn er ihn „einen schlauen Menschenkenner" nennt,²) welchen Namen er dadurch verdiene, daß er „mancherlei Züge von Thorheit und Narrheit, die er nach und nach im täglichen Leben sammelte, in seinen Schriften mit großem Witze bearbeitete." Wenn die Kritik Küttners auch ein großes Behagen an Fischart verrät, das nur die Folge einer aufmerksamen Lektüre sein kann, so erhebt sie sich im Ganzen doch nicht viel über eine feuilletonistische Reflexion. Denn im Grunde ist wohl sehr wenig damit gesagt, wenn Küttner unseren Fischart „unstreitig den lustigsten Kopf seiner Zeit" nennt, und etwas sehr zweifelhaftes, wenn er ihn einen Philosophen nennt, „der allem hohnlacht, was er auf Erden sieht."

Leonhard Meister³) bezeichnet Fischart als „eine Fundgrube für den Witz und die Sprache der Nation und sagt von dessen Bearbeitung des Rabelais: „Die Uebersetzung ist sehr frei und hat verschiedene Zusätze". Meisters Urtheil erinnert sehr an Bodmer, wenn er sich nur ungern entschließt, „unter veralteten Wörtern und harten Silbenverbeißungen die schönen Gedanken hervorzuheben", obwohl ihm „die Kraft der Worte, ihre

---

¹) Dieser Witz scheint denn doch nicht ganz so horribel zu sein, sonst würde der größte Humorist und Charakterschilderer unter den modernen Romanschriftstellern, Charles Dickens, sicherlich nicht den (nach Abzug der veralteten Sprachform) ganz gleichen Witz in Anwendung gebracht haben. Man vergleiche nur die Titel seiner Romane, und um einen derselben anzuführen: The life and adventures of Martin Chuzzlewit, his relatives, friends and enemies. Comprising all his wills and his ways: with an historical record of what he did and what he did n't: showing, moreover, who inherited the family plate, who came in for the silver spoons and who for the wooden ladles. The whole forming a complete key to the house of Chuzzlewit. — Man findet an Dickens überhaupt eine überraschende Anzahl von Vergleichungspunkten mit Fischart, und obwohl der erstere schwerlich eine Zeile von dem deutschen Satiriker gekannt hat, können wir bei ihm Stellen lesen, welche in Gedanke und Absicht, ja in manchen Fällen sogar im Ausdrucke eine staunenswerte Uebereinstimmung mit Aussprüchen Fischarts zeigen.
²) Charaktere deutscher Dichter und Prosaisten, Band 1, Seite 90 ff.
³) Beiträge zur Geschichte der deutschen Sprache und Nationalliteratur, 2 Theile, Heidelberg 1780, Theil 1, Seite 210 ff.

Zusammenfügung und die Launen des Dichters überhaupt sehr merkwürdig erscheinen".[1]

Flögel,[2] welcher im allgemeinen über Fischart viel des Neuen bringt, schließt die Kritik des Gargantua in die kurzen Worte: „Fischarts Uebersetzung ist mehr Paraphrase und Original, als Uebersetzung." Im weiteren fügt er noch bei: „Das fünfte Kapitel ist Fischart eigentümlich, und Rabelais hat keinen Theil daran."

Das erste wirklich abfällige Urtheil über Fischart spricht Adelung aus, wenn er ihn den „deutschen Affen Rabelais'" nennt[3] und beide als Muster des Afterkomischen bezeichnet, „deren ganzer komischer Witz großentheils in Ausbrütung alberner, neuer Wörter, in armseligen Wortspielen und seltsamen Antithesen bestehet, 2c." Zur Bekräftigung seines Urtheils führt Adelung den Beginn von Fischarts Vorrede zum Gargantua an und fügt dann bei, „wer lachen kann, der lache!" Wer die angeführte Stelle zum erstenmale liest, wird allerdings nicht lachen können; und wenn man Adelung auf sein Wort glauben will, daß er über Fischart wirklich nicht gelacht, wie er an anderer Stelle wiederholt,[4] so möchte man fast bezweifeln, ob er vom Gargantua überhaupt mehr gelesen, als citirt hat.

Unter dem Pseudonym Dr. Edstein veröffentlichte 1785 Christian Lävinus Friedrich Sander[5] eine Verschmelzung des Rabelais und Fischart,[6] wobei er sich als Herkules fühlte, der den Stall des Augias gereinigt und ebendeßwegen, wie er selbst zugesteht, „oft statt des Mists — Wasser" habe geben müssen. Im übrigen meint er, daß Rabelais' Gargantua „mehr als Ovidische Verwandlung auf Fischarts Amboß litt." Der einzige Tadel, den Edstein über Fischart ausspricht, dürfte heutzutage als ein Kompliment von nicht geringer Tiefe angesehen werden. „Mit der Sprache," sagt Edstein nämlich, „geht Fischart so eigenmächtig um, wie unsere Großtürken und Affen von Goethe und Claudius."[7]

---

[1]) Von Bodmer fast wörtlich übernommen ist auch der Satz: Im glückhaften Schiff trifft man nicht einen schmutzigen Einfall an.
[2]) Geschichte der komischen Literatur, 4 Bände, Liegnitz und Leipzig 1784, 1787, 3. Band, Seite 336 und 339.
[3]) Ueber den deutschen Stil, II. Thl. Seite 244.
[4]) Fortf. z. Jöchers Gel. Lexikon, Leipzig 1787, II. B. Seite 1109.
[5]) Sekretär der kgl. dänischen Generalwegkommission zu Kopenhagen.
[6]) Gargantua und Pantagruel, umgearb. nach Rab. u. Fisch. Hamburg 1785.
[7]) A. a. O. I. B. Nachrede des Doktor Edsteins.

Friedrich von Blankenburg verläßt sich bei seinen Nachrichten über Fischart[1]) auf die Glaubwürdigkeit Flögels und benützt nebenbei eine unrichtige Notiz Lessings, im guten Glauben auf diese Autorität, um eine andere, allerdings noch unrichtigere zu dementiren. Wir lesen nemlich bei ihm: „In das Deutsche wurde Rabelais' Pantagruel übersetzt, aber nur das erste Buch (und nicht, wie in den Anweisungen der vornehmsten Bücher in allen Theilen der Dichtkunst, Seite 161, gesagt wird, in (gereimten) Hexametern, sondern nur mit dem Anfange eines dem Anscheine nach komischen Heldengedichtes von dem Uebersetzer und einer Zueignungsschrift an die deutsche Nation in dergleichen Hexametern und Pentametern) von Fischart mit dem Titel: Affenteuerliche etc. etc. 1575; 8°."

Je leichter sich Blankenburg hier die Arbeit gemacht, um so ernster finden wir sie wenige Jahre später durch Jördens[2]) aufgenommen. Bei ihm können wir ein Urtheil lesen, hinter welchem sich eine aufmerksame Lektüre und also auch ein liebevolles Verständnis unseres Autors verbirgt. Das Erste, was ihm bei solcher Lektüre auffallen mußte, ist natürlich Fischarts „genaueste Bekanntschaft mit den Thorheiten seines Zeitalters und die stete Gewißheit über den Ton, in welchem sie bald verlacht und ausgehöhnt, bald wieder gegeißelt werden müssen." Jördens war der Erste, welcher einen eingehenderen Vergleich zwischen Fischarts Gargantua und dem französischen Originale zog, wobei er selbstverständlich finden mußte, daß des Ersteren Arbeit „mehr Paraphrase und originelle Umarbeitung, als Uebersetzung ist." „Fischart ist kein Uebersetzer von gemeiner Art, die der Sache ein Genüge gethan zu haben glauben, wenn sie ihren Autor Wort für Wort und Buchstaben für Buchstaben wiedergeben, unbekümmert, ob der Geist desselben durch den Buchstaben getötet wird. Fischart entlehnte nur den Stoff seines Buches von Rabelais; diesen verpflanzte er auf deutschen Boden und bearbeitete ihn nach deutscher Art, so daß man deutsche, und nicht französische Sittenschilderungen und Darstellungen, und kurz, ein ächt deutsches Originalwerk zu lesen glaubt." Diese in wenigen Worten so treffende Charakterisirung von Fischarts Gargantua darf heute noch unterschrieben werden, abgesehen natürlich von der etwas unklaren Diktion in dem „Verpflanzen auf den deutschen Boden". Jördens selbst wollte wohl schwerlich damit sagen, daß Fischart die Handlung des Romans auf deutschen Boden verlegte.

Von Jördens bis auf Vilmar findet man wenig mehr, was nach diesem Urtheil als neu oder besonders bemerkenswert erscheinen könnte, zudem

---

[1]) Literar. Zusätze z. Sulzers allg. Theorie b. sch. Künste, I. Band, Seite 517.
[2]) Lexikon deutscher Dichter und Prosaisten, Leipz. 1807—1811, Bd. 1, Seite 518, 522.

da sich die zwischenliegende Kritik oft wörtlich auf Bodmer, Flögel und Jördens zurückführen läßt.

Wenn zwanzig Jahre nach dem letzteren Horn immer noch von einer „freien Bearbeitung" spricht,[1]) so möchte man diese Bezeichnung ohnehin schon bedenklich nennen, wenn man auf der gleichen Seite zu lesen findet: „wir sehen in Rabelais gleichsam den geistigen Vater unseres Fischarts, der aber, wie nicht selten, von dem Sohne an Genialität und — Unartigkeit noch übertroffen wird;" und weiter: „die Bearbeitung ist so willkürlich, daß man oft nur mit Mühe das Original erkennen kann. Fischart scheint mit dem Stoffe der Rabelais'schen Satire, so reich dieser auch gewesen, noch immer nicht zufrieden, sondern er trachtet fast, eine Satire auf die ganze Welt zu machen."

Im höchsten Grade befremden muß es, wie Halling noch 1828 von einer Ausgabe des Gargantua vom Jahre 1552 schreiben konnte,[2]) die man dem Titel gemäß nicht einmal für die erste halten dürfe: ein Umstand, dem durch Meusebach eine gerechte Abfertigung zu Theil wurde, in Verein mit so manch' anderem, das zu den Prätensionen von Hallings Vorrede in wenig Einklang stand. Alles, was Halling im weiteren noch über den Gargantua Fischarts zu sagen wußte, beschränkt sich auf den Satz: „Dieses Werk ist eine Umarbeitung des Gargantua vom Rabelais." Nur in der Einleitung Uhlands findet sich noch eine bezügliche Notiz, welche allerdings weniger erklärend, als poetisch redet: „Fischarts üppige Kraft ergreift das fremde Gerüste, wie die traubenschwere Rebe Stab und Geländer sucht. Vom kühnsten der französischen Humoristen angeregt, ringt er mit diesem, nicht sieglos, um den Preis der Kühnheit."

Selbst jetzt noch, zwei Jahre nach der Meusebach'schen Recension schreibt Karl Hertzog[3]) von einer ältesten (sic!) Ausgabe des Gargantua vom Jahre 1552 und sieht in dieser „freien Umarbeitung" des Rabelais „in welcher ein äußerst lebendiger, humoristischer Witz sprudelt, den ausgezeichnetsten Roman jener Zeit."

Ludwig Wachler[4]) ergründet an Fischart, „diesem vielgestaltigen Wesen, für welches schwer der rechte Name zu finden ist, diesem heiteren

---

[1]) Die Poesie und Beredsamkeit der Teutschen, 4 B. Berlin 1822—1829, Bd. 1, S. 188 ff.
[2]) Johann Fischarts, genannt Mentzer, glückhaftes Schiff von Zürich, mit einem Beitrag von Dr. Ludw. Uhland, Tübingen 1828.
[3]) Geschichte der deutschen Nationalliteratur, Jena 1831, Seite 249.
[4]) Vorlesungen über die Geschichte der deutschen Nationalliteratur, Frankfurt 1834, Thl. 1, S. 201, 201.

Gesellen, munter bis zur mutwilligsten Ausgelassenheit, redlichen Gemütes, empfänglich für Wahrheit und Schönheit," als Grundzug von dessen schriftstellerischem Charakter den satirischen Lehrton und die geniale Sittenmalerei. „Am vollendetsten," so meint Wachler, „offenbart sich seine, alle Gesetze für Kunst verhöhnende Eigentümlichkeit, ein halb toll gewordener, sich selbst und seinen Schatten überlaufender Uebermut des Witzes in der freien Umarbeitung des ersten Buches von Rabelais' Gargantua. Im gelehrt possenreißerischen Witze und in spöttischer Verzerrung der nur halb möglichen Wirklichkeit verhält sich die französische Urschrift zu der deutschen Nachbildung wie ein Kind zu einem Riesen."

Unseren Fischart, diesen mahnenden Verkünder der Wahrheit, diesen unbestechlichen Richter über Lüge, Unrecht und Heuchelei, einen Gesellen zu nennen, immerhin empfänglich für Warheit und Schönheit, erscheint, wenn man Mangel an Verständnis ausschließen will, geradezu als die ungerechtfertigste Ironie. Man muß wohl das ganze Urtheil Wachlers als solche betrachten, sonst möchte man sich schwerlich, um in seinem eigenen Stile zu reden, mit solch möglichen Unmöglichkeiten, wie „gelehrt possenreißerischer Witz", „halb mögliche Wirklichkeit" u. s. w. versöhnen können.

Was Mundt[1]) über Fischart fantasirte, möge in seiner ganzen Ausdehnung hier Platz finden, und zwar aus dem Grunde, weil es das Extrem in der Bewunderung Fischarts bildet, so wie es mit Menzels Urtheil im entgegengesetzten Sinne der Fall ist.

„Der wahre Volkstribun und Repräsentant des altdeutschen Spaßes," so lesen wir bei Mundt, „ist Johann Fischart, genannt Mentzer. Die bunte Narrentracht, in welche er die deutsche Sprache steckte, war zugleich die sinnreichste Narrenweisheit, die jemals in ihren Tönen laut geworden. An Keckheit und produktiver Laune, die selbst mit der Grammatik der Sprache groteske, aber bewundernswerte Sprünge vornahm, gibt es keine ähnliche Erscheinung vor und nach Fischart in der deutschen Literatur. Bei aller grenzenlosen Ausgelassenheit seines Humors, der ihn mänadenhaft fortreißen konnte, scheint er doch ein feines schöpferisches Bewußtsein gehabt zu haben über die Sprache, in der er seine burleske Laune ergoß. Seine Diktion gleicht einer Redoute, auf der er seine Gedanken in zahllosen Wörterkostümen, in den verwegensten und frechsten Masken des Ausdrucks, in allen nur erdenklichen Bizarrerien der Sprache zum Tanze führte. Mit tobendem

---

[1]) Die Kunst der deutschen Prosa, Berlin 1837, Seite 257—259; 263.

Geschrei schlingen und wirren sich diese Gruppen durcheinander, sie verschlingen sich in kühnen Wendungen und Ausgeburten der wilden Fantasie, alle Instrumente werden aufgeboten zu einem unerhörten Lärmen, gesichterschneidende Fratzen und Larven steigen gespensterhaft aus der Erde, Hexenflämmchen und Irrlichter leuchten gähnend auf, und der Meister dieses tollen Faschings scheint besonnen geblieben, aber er erlustigt sich selbst dabei, wie ein Kind, das harmlos und unwissend mit den Nachtkobolden spielt. Fischart war ohne Zweifel ein großer Sprachkünstler, der bedeutendste und produktivste neben und nach Luther, der die deutsche Prosa, welche dieser auf den reformirten Dialekten auferbaut hatte, in das tausendfarbige, erschimmernde Gewand des nationalen Humors kleidete. Sein Reichtum an Wörtern und Wendungen, an geistreichen Zusammensetzungen und neugebildeten Bezeichnungen, an Ausdrücken, die er sich nach dem Französischen geschaffen und aus dem Urquell einer originellen Anschauung herausgeschöpft hat, wäre noch bei weitem höher und gewinnbringender anzuschlagen, als der literarische Sprachschatz, wenn nicht meistentheils das Gepräge Fischarts zu subjectiv oder mit zu vielem Unflat des Zeitgeschmackes behangen erschiene, um in den allgemeinen Umlauf der Diktion überzugehen. — Den höchsten Taumel seiner fantastischen, witzsprühenden, cynisch muthwilligen, gemüthlich frohherzigen, in Harlekinaden philosophirenden, mit seiner Menschenkenntnis spottenden, wie Trompetenjubel schmetternden Sprache kann man in seiner Uebersetzung oder vielmehr freien Nachfantasirung des ihm wahlverwandten Rabelais belauschen. Das ist ächt nationaler Humor, dem Fischarts Genie Sprache leiht. An solcher Satire erlustigten sich unsere Altvorderen, so tändelten, lachten, scherzten und wortspielten sie. In der Fülle und sinnreichen Gefügigkeit der Wortspiele, wie sie bei Fischart sich finden, möchte keine andere Sprache mit der deutschen einen Wettstreit unternehmen können, wie abentenerlich und kindisch auch oft Fischarts Laune mit seinen tausendfach durcheinander gehetzten Wörtern davonläuft. Nur gewisse, humoristische Figuren Shakespeares haben einen ähnlichen Fluß unerschöpflicher Stichwörter im Munde, zu deren deutscher Wiedergabe man schon frühe in Fischarts Diktion eine Grundlage gehabt hätte." —

Das heißt mit sehr vielen Worten sehr wenig gesagt. Denn im Ganzen finden wir hier nichts weiter, als eine mit Widersprüchen angefüllte ekstatische Variation über bekannte Sätze, wobei noch gerade dasjenige, was als bestimmte Thatsache hätte fest betont werden müssen, in den Schleier einer zweifelhaften Möglichkeit gehüllt wird. Der wortreiche Bewunderer ist nicht immer der ehrlichste Verehrer. —

Thal Mundt des Guten zu viel, so war Regis geradezu ungerecht gegen Fischart, und zwar ungerecht bei eigenem Nutzen. Er schließt sein Vorwort über Rabelais[1] „mit einem Ueberblick der bisher erschienenen Uebersetzungen, Nachahmungen u. s. w." und fügt sofort bei: „Als erste bekannte, nur 22 Jahre nach Rabelais' Tod erschienene Uebersetzung ist die deutsche des Gargantua von Johann Fischart" zu nennen.

Nachdem Regis hier schon die erste Ausgabe in das Jahr 1575 legt, rückt er aus Eberts bibliographischem Lexikon den „ganzen Artikel über Fischart" ein, welcher „ganze" Artikel nichts weiteres ist, als die Abschrift dreier Titel des deutschen Gargantua, unter welchen die ominöse Ausgabe von 1552 in erster Reihe steht. Dann erst berichtigt Regis in einer breiten Anmerkung mit Hilfe Meusebachs den Irrtum Eberts. Auf solche Weise füllt sich jedenfalls das Papier. „Ueber Fischart", fährt Regis weiter, „den üppig reichen, wiewohl geschmacklosen Vorvordern, genüge es (mit Hinweisung auf Anmerkung zu Seite 21[2]) und Wachler III, 362) an das Urtheil des Verfassers der Charaktere deutscher Dichter und Prosaisten, Seite 94 zu erinnern: (folgt Abdruck)"[3]. Im Anschlusse daran macht Regis das Geständnis: „So bekennt denn auch der neueste Uebersetzer sich für mehrere glückliche Einzelheiten, die zu erhalten sogar Pflicht war."

Diese pflichtgetreue Erhaltung glücklicher Einzelheiten besteht nun darin, daß Regis mit wenigen Ausnahmen alle jene Stellen des deutschen

---

[1] Meister Franz Rabelais Gargantua und Pantagruel, deutsch von Gottlob Regis, II. Thl. in 3 Bänden, Leipzig 1839, II. Thl. I. Abth. Seite CLXVI—CLXX.

[2] Diese Anmerkung steht II. B. I. A. Seite 32 und lautet: „Wenn irgend in seiner deutschen Paraphrase des Gargantua hat Fischart bei dem von ihm „Trunken Litaney" überschriebenen Kapitel die Fülle seiner diesrheinischen (!) Volks- und Zechlust bewiesen. Schon Herder in der Einleitung zum zweiten Theile seiner Volkslieder, Seite 24 u. 25, erkannte dies an. Welcher Ueberschwang von echt deutschen Kernworten, Tischreden, Volksschwänken, Sprichwörtern, Histörlein und Trinkversen ist hier aufgehäuft, ja man kann sagen, er habe wenigstens noch ein paar Dutzend Trinktische an die Rabelais'schen angeschoben und schon das Verhältnis der Druckblätter beider (es ist 2 : 19) kann einen wahren Turitmesser der Nationen abgeben, deren Landsleute Fischart und Rabelais waren."

[3] Weder in dem angeführten Urtheile Wachlers noch in dem Meisters findet sich ein Wort über das Verhältnis Fischarts zu Rabelais, sondern wir lesen dort nur Bemerkungen über Fischart im Allgemeinen. Nur ein Citat aus Richters Vorschule der Aesthetik (1. Abth. S. 280) sagt in dieser Hinsicht: „An Sprach- und Bilder- und sinnlicher Fülle übertrifft Fischart bei weitem den Rabelais und erreicht ihn an Gelehrsamkeit und aristophanischer Wortschöpfung; er ist mehr dessen Wiedergebärer als Uebersetzer.

Gargantua fast buchstäblich getreu „übernommen" hat, in denen sich Fischart mit einiger Genauigkeit an den französischen Text gehalten. Wo Regis das nicht thut, darf man sicher sein, bei ihm keine bessere Uebersetzung zu finden, als bei Fischart; ferner übernimmt er von Fischart Ausdrücke und Wortspiele, welche durchaus nicht Uebersetzung sind, sondern nur Wiedergabe des Sinnes in originell deutschem Gewande. Aber sicherlich würde aus alledem für Regis kein Vorwurf erwachsen sein, wenn er den Nutzen, den er aus Fischart gezogen, durch das entsprechende Maß des Dankes ausgeglichen hätte; denn Niemand wird sich mit dem Mittelmäßigen begnügen wollen, wo das Beste so nahe bei der Hand liegt. Regis, welcher, wie seine Uebersetzung zeigt, den Text des deutschen Gargantua mit dem des französischen Zeile für Zeile verglichen hat, muß unbedingt den Vorrang Fischarts vor Rabelais auf jeder Seite erkannt haben, und wenn er diese Erkenntnis verschweigt, so kann es nur im Interesse der eigenen Arbeit geschehen sein.

Im gleichen Jahre, in dem Regis seine Arbeit veröffentlichte, schrieb Heinrich Laube[1]) über Fischart: „Diesem Manne ist man geneigt eine hochwichtige Stelle in der Literatur des sechzehnten Jahrhunderts zu ertheilen, eine ihm bewußte Stellung zwischen der populären Poesie und der eines gelehrten Geschmackes, die Opitz einführte. — Eine gehäufte Mischung seines Talentes und den bei aller Ueberlegenheit doch mangelhaften Geschmack zeigt er in seiner freien Bearbeitung des Rabelais'schen Gargantua und Pantagruel, dieses französischen Don Quixote, den Fischart oft gröblich in der Wahl des Stoffes und des Ausdrucks theilweise zu dem unsrigen machte."

Daß Laube nicht in anderer, treffenderer Weise über Fischart zu urtheilen wußte, als es hier geschehen, möchte bei Berücksichtigung des Standpunktes, von welchem aus er die Entwicklung der Literatur betrachtete, etwas merkwürdig erscheinen, da doch der Ideenparallelismus zwischen Fischart einerseits und Laube's Zeit- und Gesinnungsgenossen anderseits ein immerhin zureichender Beweggrund hätte sein können, diesem Literarhistoriker über den „mangelhaften Geschmack" hinwegzuhelfen, der zudem nicht einmal dem Charakter Fischarts, sondern nur dem seiner Zeit zur Last gelegt werden darf. Im übrigen könnten auch sehr gerechte Bedenken dagegen erhoben werden, wenn Laube den Gargantua und Pantagruel des Rabelais einen französischen Don Quixote nennt, um wie viel mehr aber noch, wenn er diese Bezeichnung gar auf das Werk Fischarts ausdehnt. Unser Gurgelstroßa

---

[1]) Geschichte der deutschen Literatur, Stuttgart 1839—40, Bd. 1. Seite 219, 230 u. 231.

und der Ritter von der traurigen Gestalt gleichen sich in ihrer literar- und kulturhistorischen Bedeutung eben so sehr, wie in Gestalt und Lebensweise. Fast scheint es, als wollte Laube das Ziel über den Rücken treffen, wenn er zum Schlusse noch mit den Worten losschießt: „Bis zur Grellheit ist bei Fischart die sinnliche Seite herausgekehrt, welche bei einer vom abstrakten Gedanken aus revolutionirenden Zeit wenig Beachtung finden konnte." —

Pischon hält sich mit seinem Urtheile auf dem Niveau des bereits Gesagten, wenn er schreibt[1]): „Die Geschichtsklitterung ist freilich eine Uebersetzung des Rabelais, aber so frei und eigentümlich, daß der Franzose sich selbst nicht wieder erkennen würde. Es ist auch nicht die Erzählung die Hauptsache, sondern das, was Fischart aus dem reichen, unerschöpflichen Schatze seiner Laune hinzuträgt, welche die verschiedensten Verhältnisse und Schichten des Menschen zum Gegenstande ihres Spottes macht. Die würdigen, gesunden und kernigen Gesinnungen sind das Ehrenwerte an dieser Schrift."

Das sonderbarste Urtheil in seiner Art, welches je über Fischarts Gargantua ausgesprochen wurde, lesen wir bei Wolff[2]): „Allen Nachahmern Rabelais' ist es nur äußerlich geglückt, ihm nahe zu treten und selbst der ihm verwandteste Geist, Fischart, hat, wenn man das, was dem deutschen Charakter als originell gehört, davon abrechnet, nicht mehr geleistet; noch weniger die Franzosen."

Wenn man das, was Fischart eigentümlich ist, aus seinem Gargantua streicht, so bleibt doch wohl keine Nachahmung, sondern nur eine Uebertragung des Rabelais, und einem so zugerichteten literarischen Krüppel wird sicherlich Niemand den Vorrang vor dem einheitlichen Originalwerke einräumen wollen. Wenn man das Fleisch von der Pflaume nagt, so bleibt eben auch nichts besseres, als ein Stein.

„Fischarts Werke", so lesen wir bei Schäfer[3]) unter anderem, „spiegeln ebenso sehr die sittliche Energie und Tüchtigkeit des deutschen Charakters, als die Zerfahrenheit und Zerrissenheit der Periode, in der er schrieb. So sehr er sich in seiner ausgelassenen Prosa von der steifen Gesetzmäßigkeit der späteren Gelehrtenpoesie unterscheidet, so sind doch seine dichterischen Versuche ganz im Charakter derselben. Auch er beutet die ausländische Literatur aus, versucht sich in antiken Versmaßen, hascht nach gelehrten Ausschmückungen; er ist kein Mann des Volkes mehr!"

---

[1]) Denkmäler der deutschen Sprache, Berlin 1840, II. B. S. 432.
[2]) Allgemeine Geschichte des Romans, Jena 1841, S. 123.
[3]) Handbuch der Geschichte der deutschen Literatur, Bremen 1842, S. 245 ff.

Fischart kein Mann des Volkes! Fischart, der nur schrieb mit Mitteln, welche er aus der Sprache, den Gewohnheiten, oder dem Leben des Volkes schöpfte, Fischart, der bei jeder Zeile, welche er schrieb, das Volk im Auge hatte, das ihn lesen sollte, aber nicht nur lesen, auch verstehen sollte. Fischart, kein Mann des Volkes, dieser echt republikanische Charakter, der mit der ganzen Glut seiner Seele am Vaterländischen hing und für Alles, was um ihn vorging, vom Großen in's Kleine, ein offenes Auge und ein offenes Ohr besaß! Jede andere Eigenschaft mag man an Fischart bestreiten und man wird immer noch die Entschuldigung finden können, man habe eben gerade das nicht gelesen, woraus jene Eigenschaft am deutlichsten spreche; an ihm aber die Volkstümlichkeit läugnen zu wollen, welche doch aus jedem Satze eines jeden seiner Werke leuchtet, das scheint unbegreiflich.

Wenn Ettmüller[1]) über das Werk Fischarts schreibt: „Dieser humoristisch-satirische Roman ist zwar nur eine Uebersetzung des ersten Buches des französischen Gargantua und Pantagruel des Rabelais, aber eine so sprachgewaltige, eigentümlich selbstständige und geistreiche, mit allerhand Zusätzen ausgestattete, daß sie völlig den Wert eines Originalwerkes für sich in Anspruch nehmen darf;" so ist damit, trotzdem Fischart gegenüber ein großes Zugeständnis ausgesprochen wird, im Grunde doch sehr wenig gesagt, da ja, wie immer und immer wiederholt werden muß, der Vorrang des deutschen Gargantua durchaus nicht in der Art der Uebertragung des übernommenen Stoffes liegt, sondern eben in diesen „allerhand Zusätzen."

Im Anschluß an das obige Urtheil Schäfer's über die Stellung Fischarts in der Poesie seines und des folgenden Jahrhunderts, dürfte von Interesse sein, was Koberstein[2]) über diesen Punkt sagt: „Man muß Fischart, sofern er nicht nur seiner Gesinnung und seines ganzen schriftstellerischen Bestrebens wegen, sondern auch den Gattungen und der inneren und äußeren Darstellungsform seiner Werke nach, selbst wenn er nach fremden Stoffen gegriffen hat, noch Volksmann im vollsten und besten Sinne ist, nach dem Umfang der gelehrten Kenntnisse aller Art aber, die er in seinen Gedichten, wie in seinen Prosaschriften überall durchblicken läßt und häufig breit auslegt, schon ganz ein Schriftsteller der neueren Zeit zu sein scheint, mit Gervinus als den entschiedenen Wendepunkt von der alten Volkskunst zu der neuen, gelehrten und gebildeten bezeichnen."

---

[1]) Handbuch der deutschen Literaturgeschichte, Leipzig 1847, S. 321.
[2]) Grundriß der Geschichte der deutschen Nationalliteratur, Leipzig 1847, 1. Bd. S. 413 und 598, a.

Es könnte in dieser Richtung nicht leicht ein günstigeres Urtheil über Fischart ausgesprochen werden; man wird doch wohl nicht verlangen wollen, daß Fischart den Schatz seines Wissens und seiner Erfahrung, den er im Leben gesammelt, in seinen Schriften absichtlich und mühselig hätte verbergen sollen, anstatt, wie er gethan hat, denselben in einer Form zur Wiedergabe zu bringen, in welcher er wenigstens dem größeren Theile seines Lesepublikums von Nutzen sein konnte. Je größer, je bedeutender der Gelehrte, desto schwieriger wird es ihm, populär zu sein; daß aber Fischart dieses im hohen Grade gewesen ist, kann nicht verkannt, und muß ihm als Verdienst angerechnet werden.

Was den Gargantua betrifft, so nennt ihn Koberstein „das berühmteste Werk Fischarts, zwar kein eigentliches Original, aber eine ganz freie, durch einen seltenen Reichthum an Kenntnissen aller Art begünstigte, und mit wahrhafter Genialität und bewunderungswürdiger Sprachgewalt ausgeführte Umarbeitung und Erweiterung des ersten Buches von Rabelais' Gargantua."

Auch Karl Göbeke[1]) sieht in der Geschichtsschrift das Hauptwerk Fischarts, „in welchem er alles zusammendrängte, was an Höhe und Tiefe, Witz, Humor, Scharfsinn, treuherziger Naivetät, Gelehrsamkeit, aristophanischer Keckheit und keuschem Ernste in ihm lebte. Wer diese zehnfache Ueberbietung des Rabelais nicht kennt und das tausendfache Lächeln und Lachen des proteischen Humors nicht versteht, hat den reichsten und schönsten Theil der Literatur des XVI. Jahrhunderts übersehen."

Eng an all' das, was hier ausgesprochen ist, schließt sich die Meinung Vilmars[2]) an, wenn er in Fischart „den vornehmsten und beinahe einzigen Komiker und Satiriker der deutschen Nation" sieht. Er nennt den Gargantua „eine Figur aus der altfranzösischen Riesensage, welche Rabelais in moderner Form einführte, um das Unförmliche und Verkehrte, das Maßlose und Abenteuerliche seiner Zeit daran zu schildern. Fischart benützt den von Rabelais entlehnten Gargantua ebenso, doch in viel ausgedehnterem Maße als Rabelais, so daß man, kehrt man von Fischart zu Rabelais zurück, diesen kaum für einen Satiriker gelten zu lassen Lust hat. An Weite des Gesichtskreises und Freiheit der Behandlung überbietet Fischart seinen Vorgänger ohne Zweifel; er hat seine Praktik, wie seine Geschichtsklitterung

---

[1]) Elf Bücher deutscher Dichtung, Leipzig 1849, I. Abth. S. 159.
[2]) Vorlesungen über deutsche Nationalliteratur, Marburg 1845, S. 368, 369. — Ersch. und Grubers Encyklopädie, Erste Sektion, 51. Th. Leipzig 1850, S. 169, 179.

und seinen Catalogus nicht nach Rabelais bearbeitet, sondern aus Rabelais neu geschaffen." —

Im Anschluß an das Urtheil Schäfers und Kobersteins sei noch angeführt, was Gervinus sagt[1]): „Wie zu dem ganzen damaligen Bildungsstande Teutschlands, der nach außen ein bäuerlich rohes Ansehen hatte, die feinere Kultur den Hintergrund bildete, die sich in der klassischen Schule allgemach vorbereitete, so sieht man bei Fischarts volksmäßiger Herablassung überall eine höhere Bildung dicht nebenan, die auf einer vielseitigen Kenntnis des Altertums und einer genauen Einweihung in die humanistischen Wissenschaften beruht. ... Wenn er (Fischart) im Gargantua von den Alten redet, so geschieht es schon in derselben Ehrfurcht, die später Opitz zur Schau trug; er findet ebensowohl wie dieser, daß wir Neueren auf jenen fußen müssen, doch bezieht er seine Ehrfurcht noch mehr auf ihre Tugend und den Adel ihrer Gesinnung, als auf ihre Sprache, Dichtung und Kunstform; .... man sieht, wie er im Formellen zurückbleibt, wie ihm die klassische Sparsamkeit in Worten entgeht, wie die Sprache die Denkweise überwältigt und der Volksgeschmack die Urbanität noch erstickt. .... Behält man diese Gesichtspunkte im Auge, so wird man Fischarten auch da, wo er sich am tiefsten der Manier und den Lieblingsgegenständen des Volkes bequemt, immer auf jenem höheren Standpunkte beharren sehen, von wo der Dichter seine Leserwelt zu einer erhöhten Bildung und Sitte emporzuarbeiten sucht."

Hier in diesem letzten Satze liegt ja überhaupt der Schwerpunkt für die Beurtheilung Fischarts, und so ferne man die Wahrheit desselben einmal erkannt hat, wird es nur mehr von geringerem Interesse sein, wenigstens für den vorliegenden Zweck, darüber zu klügeln, ob Fischart in seiner „Manier" mehr nach rückwärts, oder mehr nach vorwärts deutet.

Bevor Gervinus nun auf die Beurtheilung des deutschen Gargantua eingeht, behandelt er das Verhältnis des Gargantua und Pantagruel zur zeitgenössischen Kultur. „Von der Feinheit und Bildung," so schließt er diesen Abschnitt, „mit welcher das Werk des Cervantes entworfen ist, hat freilich Rabelais keine Spur. Er verdirbt selbst die Wirkung des geraden Verstandes, den er gegen die Pedanterie und Verkehrtheit setzt, dadurch, daß er ihn den gigantisch grotesken Helden leiht, die haltungslos und ohne Geschick gezeichnet sind. Aeußerlich nur ist das Uebermaß der plebeischen Bildung bei ihnen bezeichnet; Fischart erkannte in ihnen das grobianische

---
[1]) Geschichte der deutschen Dichtung, Leipzig 1853, III, S. 147, 158, 159, 164, 165.

5

Geschlecht um sich her. Wie Rabelais in ärztlichem Bedacht für das Körper-
wohl seiner Leser zur Erregung von Heiterkeit und Lachluft sorgen will,
statt daß, wie ehedem, die Abenteuer der Ritter Seelenheil bewirken und edle
Gemüter bilden sollten, so sind die Helden Gargantua und Pantagruel keine
Ritter von der traurigen Gestalt, sondern in Heiterkeit wohllebende Menschen
ohne Grillen, keine idealistischen Hungerbilder, sondern Fresser und Säufer,
die ihre physische Natur bis zum Riesentum gesteigert haben; es sind rohe
Volksfiguren einer Heroenzeit. . . . . . Bildlich verstanden erklärt es ganz den
rohen Ton des Werkes, wenn Rabelais sagt: daß er, (wie Fischart übersetzt) keine andere Zeit dabei verloren, „als die er ohne das zur Sättigung
seines gefräßigen Leibes bestellt habe; und es sei eben, wann die Freßglocke
im Magen Sturm schlägt, die rechte diätalische Zeit zu solchen gemsen-
klettrigen und britthimmelverzuckten Materien und reimspinnenden Gedanken [1]."

„Fischart hat von diesem Werke nur das erste Buch übersetzt und
dieses so sehr zu seinem Eigentum gemacht, daß man es eine Uebersetzung
nicht mehr nennen kann. Er erklärt selbst, daß sie nur so obenhin sei, wie
man den Grindigen laust, daß er nicht den Rabelais wie den Donat exponiren
wollte, daß er sich nicht an Worte und Ordnung gehalten habe. In der
That scheinen ihn eigentlich auch nur die Stellen vorzugsweise zu fesseln,
wo er seine immer zeitgemäßen Erweiterungen immer mit Glück anbringen
kann. D i e s e s i n d i m G r u n d e b e d e u t e n d e r f ü r u n s, a l s d i e
E r z ä h l u n g."

Nachdem Gervinus sein Urtheil über die Sprache Fischarts abgegeben,
fügt er bei: „So vertieft Fischart auch ist in die Geschmacklosigkeit und Roheit
der Zeit, dennoch ringt er überall, wie wir sehen, nach reinerer Sitte und selbst
nach feinerem Geschmacke hin; seine Derbheit verzeiht man der materiellen Zeit
und ihrem ausgeprägten Charakter, die wir nach unseren delikateren Maßen
nicht beurtheilen müssen. Sonst müßten wir auch die ganze Polemik jener Zeit,
diese schöne und kraftvolle Seite, verdammen, die Fischart a l s G r u n d s a t z
u n d m i t B e d a c h t ü b t. Es ist schon viel, wenn der Einzelne in solchen

---

[1] *A la composition de ce livre seigneurial, je ne perdy ne employai
oncques plus ny aultre temps que celluy qui estoit estably a prendre ma
refection corporelle, sçavoir est, beuvant et mangeant. !Aussi est ce la juste
heure d'escripre ces haultes matieres et sciences profundes. R. I. prol.* —
Man vergleiche diese beiden letzten Ausdrücke mit den entsprechenden bei Fischart,
und man wird finden, daß er durch dieselben weniger eine Uebersetzung, als vielmehr eine kurze Meinungsäußerung seiner selbst über das Werk Rabelais gibt.

Zeiten ein gewisses Maß hält, wie Hans Sachs, oder wenn er das Feine und Schönere kennt und ehrt, wie Fischart. Diese ganze Derbheit ist zu sehr mit der deutschen, ehrbaren, groben, aber tüchtigen Natur verknüpft, die wir auch in Fischart ehren müssen, als daß man sie so leicht, unserer feineren Art zu Liebe schmähen sollte; auch ist die handgreifliche Zote besser, so fühlt Fischart selbst, als die verhaltene Lüsternheit, die den feineren Zeiten eigen wird."

In Hinsicht auf den oft gezogenen Vergleich zwischen Fischart und Aristophanes sagt Gervinus: „Wir haben hier in Deutschland zwei aristophanische Jahrhunderte, Griechenland hatte nur einen Aristophanes. Dieser Eine beschränkte sich auf eine Tätigkeit, aber selbst ein Fischart in so ungeschickten und schwerfälligen Zeiten hatte schon einen Zug zum Universalgenie, der weiterhin so bedeutend in der Nation um sich greifen sollte...... Hätte er die geistige Kraft, die sich in die Breite der Materie ausdehnte, auf die Kunstform weniger Erzeugnisse wirken lassen können, so würde er vor Opitz als ein Restaurator der deutschen Dichtung genannt werden, was man jetzt nur seiner Richtung nach von ihm sagen kann. Fischart hat Alles gethan, was die opitzische Schule nachher that, nur daß er es nicht so, wie diese gethan hat. Er ist ein gelehrter Dichter, aber er läßt sich noch zum Volke herab wie Brant."

Es ist aber durchaus nicht der Fall, daß aus diesen letzten Worten für Fischart ein Vorwurf erwachsen soll, im Gegentheil; man darf eben nur nie und nimmer vergessen, daß Fischart der Art gegenüber, wie er arbeitete, eine bewußte Stellung einnahm, daß er diese Art absichtlich gewählt hat, um seinen Zweck, das Volk zu bilden, zu erreichen, oder ihm wenigstens nahe zu kommen. Schließlich liegt es ja doch mehr in der Aufgabe des Satirikers, diesen Zweck unverrückbar im Auge zu halten, als den weitgehenden, formalen Forderungen einer ausschließlichen Kunstkritik immer und immer Rechnung zu tragen.

Mit dem was Gervinus ausgesprochen, ist eigentlich die Beurtheilung welche Fischart bis jetzt gefunden hat, abgeschlossen, denn alle späteren Autoren, wie Rosenkranz[1], Hub[2] ⁊c., selbst Kurz[3] und Wackernagel[4] bewegen sich fast nur in Wiederholungen des bereits Ausgesprochenen.

---

[1] Die Poesie und ihre Geschichte, Königsberg 1855, S. 671.
[2] Die deutsche komische und humoristische Dichtung, Nürnb. 1855, S. 189.
[3] Johann Fischarts sämmtliche Dichtungen, Leipzig, Einleitung, S. XXIII—XXXII.
[4] A. a. O.

Den Schluß dieser Untersuchung möge aber das interessanteste und vielleicht auch das unterhaltendste Urtheil bilden, welches je über Fischart geschrieben wurde, dasjenige Menzels.[1]) Er schreibt: „Ich finde in Fischart nur die Kraft des Hasses mit unreinem Geschmacke und rohen Liebhabereien verbunden. Seine Grobheit war nicht Satirmaske eines feinen Sokrates, sondern angeboren. Die Wortmacherei, die Erfindung von seltsamen, neuen Ausdrücken, die man ihm zum Ruhme anzurechnen pflegt, ist eine bloße Bizarrerie und Sache persönlicher Eitelkeit, etwas nicht natürliches, sondern gemachtes. Seine größte Wonne war, auf andere zu schimpfen, andere zu verspotten, und da der Spott über die römische Kirche fast schon erschöpft war, ergriff er mit Freuden jede Gelegenheit, um als Calvinist, oder überhaupt als „Vorgerückter", auch die frommen Lutheraner zu verhöhnen. Sein berühmtestes Werk ist eine freie Uebersetzung des Rabelais. Wie man dieser plump erfundenen, völlig unnatürlichen Sprachweise irgend hat Geschmack abgewinnen können, ist mir unbegreiflich. Sie ist mir von Anfang bis zu Ende edelhaft erschienen. Außer dieser Sprachverderbnis aber und mehreren für die Sittengeschichte interessanten Notizen enthält das berühmte Werk nichts Eigenes."

Es wird nicht nötig sein, all' der kräftigen Abfertigungen zu gedenken, welche dieses Urteil bereits erfahren hat, oder gar eine neue hinzuzufügen. Was Menzel hier geschrieben hat, commentirt sich selbst.[2])

Obwohl in vielen Fällen der Beurtheilung, wie wir gesehen haben, Fischarts persönliche Eigenheiten, sein originaler Wert und seine Stellung in unserer Literatur einer eingehenden Betrachtung unterzogen wurden, so ist nur in den wenigsten Fällen, und auch hier nur in geringer Ausdehnung, abgesehen von der stereotypen Bemerkung der „freien Uebersetzung", wirklich auf die Beziehungen eingegangen, in welchen Fischart zu Rabelais steht.

Um so mehr muß deßhalb die Thatsache Wunder nehmen, wenn zwei französische Literarhistoriker, welche man immerhin Kenner der deutschen Literatur nennen darf, Spach und Heinrich, diese Beziehungen einer

---

[1]) Teutsche Dichtung, 1858, II. B. S. 136.
[2]) Aber nicht ganz uninteressant dürfte es sein, zur Illustration seiner Urtheilsconsequenz an das zu erinnern, was er Bd. 1, S. 279 über die Nonne Hrotswitha sagt: „Die Legende vom heiligen Pelagius, der als schöner Jüngling den Begierden eines maurischen Königs widerstand, hat man in der Feder einer Nonne für bedenklich finden wollen, ebenso die Legende vom heiligen Gangolf. Wenn man die Tugend der Verfasserin, die solche Dinge preisgab, in Zweifel gezogen, so hat man wohl Unrecht. Die Naivetät des Zeitalters entschuldigt viel."

verhältnismäßig genaueren Betrachtung gewürdigt haben, so daß es fast scheint, als wäre ihnen um den Vorrang ihres großen Satirikers bange gewesen.

Allerdings ist diese Beachtung Fischarts ihrerseits nicht aus eigenem Antriebe erfolgt, sondern erst durch die in der deutschen Literaturgeschichte aufgeworfene Frage um den geistigen Vorrang Fischarts oder Rabelais' veranlaßt worden; denn vor Spach und Heinrich wird Fischart in der französischen Kritik unserer Literatur eben nur als gelebt und geschrieben habend aufgeführt.

Die erste Notiz dieser Art findet sich in Observations historiques sur la littérature allemande, par un François, einem Artikel, welcher dem kleinen Werke De la littérature allemande, Hamb. 1781 beigedruckt war, nachdem ihn der Verfasser bereits 1764 in Paris veröffentlicht hatte. Hier heißt es nun: On a de Fischart une traduction du Pantagruel en vers hexamètres allemands. Der Verfasser des Artikels hat natürlich Fischart niemals in Händen gehabt, sondern diese Bemerkung wörtlich aus den „Anweisungen der vornehmsten Bücher in allen Theilen der Dichtkunst" übersetzt.

Erst 1831 findet sich eine weitere Notiz über Fischart bei A. Jarry de Mancy, Atlas historique et chronologique des littératures anciennes et modernes, Paris. Hier steht auf Tafel VI unter der Jahreszahl 1595: J. Fischart, dernier modèle du style naïf allemand du XVIe siècle; refait le Gargantua de Rabelais . . Tafel XIV wird Fischart genannt l'écrivain le plus remarquable de la fin du XVIe siècle (15 . .—1595.)

Bei Michaud[1]) findet unser Satiriker bereits eine nennenswerte Beachtung; unter anderem lesen wir hier: Fischart fit une traduction du premier livre de Rabelais, intitulé Gargantua. „Encore n'est ce pas tant", dit le Duchat, „une traduction qu'une ingénieuse paraphrase accommodée au goût allemand et au génie de cette langue".

Es ist dies immerhin ein Zugeständnis, mit welchem man zufrieden sein kann, und es ist nur eine natürliche Erweiterung dieser Stelle, wenn Spach[2]) zehn Jahre später unseren Fischart le Rabelais de l'Allmagne nennt.

Wenn Spach die Universalität Fischarts hervorhebt und dann sagt: il embrassait d'un seul coup d'oeil la vie entière avec ses défectuosités et ses devoirs; dans ses premiers écrits satiriques il ne s'attaque qu'à

---

[1]) Biographie universelle, Paris 1856, Tome 14, p. 152, art. Fischart.
[2]) Oeuvres choisies, tome I, Jean Fischart, le polygraphe. Par. et Strassb. 1866.

des individualités qui personnifiaient pour lui les vices de son temps; plus tard c'est le vice en masse qu'il combat: il voulait l'eunoblissement de la nature — humaine so liegt in diesen Worten zwar ein Vorrang Fischarts vor Rabelais nicht ausgesprochen, aber doch zwischen den Zeilen ersichtlich, denn Rabelais that ja nur das Erstere, und das nicht einmal in der Weise und in der Absicht, wie Fischart es gethan. Wir wissen ja, welche Stellung Rabelais seinen Lesern gegenüber einnahm, bei Fischart aber, um mit Spachs Worten zu reden, on sent qu'il continue à aimer les hommes, quoiqu'il flétrisse leur vices.

Wenn nun in Betreff des Gargantua selbst gesagt wird: Fischart n'a point copié Rabelais: il a lutté avec la surabondance de son langage, so ist das allerdings richtig, und es fehlt nur der Ausspruch des objektiven Schiedsrichters, der den Sieger bezeichnet.

Chez Rabelais, fährt Spach weiter, comme chez Cervantès, le réel et l'idéal se trouvent côte à côte ou en opposition. Es soll hier kein Urtheil darüber abgegeben werden, was das überhaupt heißen will, aber wunderlich jedenfalls muß es erscheinen, wenn Spach auf diese Behauptung hin meint: Fischart assimile aux besoins intellectuels de la nation allemande ces éléments étrangers. Quel contraste bizarre! Abgesehen davon, mit welcher Berechtigung überhaupt hier von „éléments étrangers" gesprochen werden darf, abgesehen davon, daß von einer Assimilirung, wie Spach sie hier im Auge zu haben scheint, an und für sich nicht die Rede sein kann, da sie nicht der Fall ist, muß diese Behauptung um so eigentümlicher erscheinen, wenn man einige Zeilen weiter über Fischart zu lesen findet: quant à la biographie de son héros, c'est un accessoire. Hier könnte der Leser eher Veranlassung finden, auszurufen: Quel contraste bizarre! zudem, wenn er noch dagegenhält, wie Spach schon voraus über den Hauptzug von Fischarts Werke geurtheilt hat. Lorsqu'on croit, heißt es hier, que l'écrivain va se perdre en des détours interminables, il revient habilement et brusquement à son sujet; après ses disgressions on est tout étonné de voir que Fischart a seulement voulu mettre en relief l'idée principale. Ainsi la logique de sa pensée reste sauve. Im Anschluß an dieses Urtheil erhebt Spach den Vorwurf gegen Fischart, den wir in noch schärferer Weise bei Heinrich ausgesprochen finden werden: cette manière de procéder ne laisse germer aucune jouissance artistique.

Freilich, Rabelais voulait peindre les moeurs brutales des classes supérieures de la société, und er that es mit einer bewundernswerten Kunstkniffigkeit, trotzdem nur par de simples contours; Fischart

donne le tableau complet de toutes les conditions de la vie, freilich
in martigen, unzierlichen Pinselstrichen, über welchen ein Salonkritiker der
Frage vergißt, ob das Bild nicht gerade durch diese Striche naturgetreu
geworden. Einem solchen Kritiker mag auch ganz ein Ende der Meinungs-
abgabe entsprechen, wie wir es bei Spach zu lesen finden: Oui, malgré le
jugement sévère que j'ai dû prononcer sur les excentricités du langage
de Fischart, malgré la violence, qu'il fait au bon goût, je ne puis
m'empêcher de respecter cette forte nature.

Auch für Heinrich[1]) ist unser Fischart un poète vraiment remarquable, und le grand satirique allemand du seizième siècle.

Was nun die Verdeutschung des Rabelais betrifft, so sagt Heinrich
von Fischart: Il fut à la fois un traducteur et un émule, et je crois que
le curé de Meudon n'eut pas dédaigné un tel rival. Je me garderais
cependant de dire, avec quelques critiques allemands, que Fischart a
dépassé son modèle. Das ist nun einmal Heinrichs vorsichtige Ansicht, und
es ist gut, daß er sie seinen Gründen voraus stellt, denn später würde sie ihm
niemand mehr glauben. Hören wir nun, wodurch er seine Meinung zu
rechtfertigen sucht: Ju den Augen dieser deutschen Kritiker, so sagt Heinrich,
Rabelais n'a fait qu'esquisser dans son Gargantua l'image de la société
grossière de son temps. Es ließe sich nun immerhin darüber streiten,
ob jene deutschen Kritiker, welche wirklich dieser Ansicht sind, nicht eine bessere
Meinung von Rabelais haben, als der lautlobigste Franzose, der seinem
nationalen Satiriker nun einmal durchaus den Hoftitel auf das Schild malen
will. Aber weiter im Texte: Fischart a développé la peinture, précisé
le détails, tiré les conclusions et formulé le jugement qui condamne
les vices, dont s'est amusé l'auteur français. Abgesehen von dieser letzten
Beifügung, welche sich selbst commentirt, ist das Vorausgesagte, wörtlich
genommen, nur in einigen wenigen Fällen Thatsache, wie in der Trunken-
litanei, in der Rede des Meisters Janotus von Bragmarda, in der Charakterzeichnung des Mönches rc. Hier ist es wirklich die skizzenhafte Zeichnung
Rabelais, welche Fischart zum vollendeten Bilde ausarbeitet.

Nun aber zur Pointe von Heinrichs Urtheil: dieses tirer des conclusions, dieses formuler le jugement, so meint er, cela peut être en
effet plus moral, mais c'est à coup sûr moins comique; et c'est du
comique qu'il s'agit dans cette joyeuse satire. Allerdings, das ist der

---

[1]) Histoire de la littérature allemande, Paris 1870, I. Band, p. 376, 380, 381.

Unterschied: Rabelais ist der Rampenkomiker, der mit dem Bewußtsein, es
ist nicht schwer, über andere sich lustig zu machen, das Publikum zum Lachen
bringen will, und wenn dieses nicht dazu geneigt ist, selbst über seine Witze
lacht, damit ihm der Humor nicht ausgeht. Dagegen gehalten muß man
Fischarts Komik allerdings moralisch heißen, denn wenn über seinem Spotte,
über seinen Scherzen der Leser sich zu Thränen gelacht, so führt ihn
Fischart gar schnell zu der Erkenntnis, daß er über eigenen Thorheiten und
Fehlern sich ergötzt hat, und den Thränen des Lachens folgt die Thräne
des peinigenden Schuldbewußtseins, die, wenn sie auch noch so rasch aus
den Augen gewischt wird, dennoch schwer in die Wagschale fällt. Fi donc!
Wie moralisch! Und — wo bleibt da die Kunst? L'artiste n'écrit pas
une morale au bas de son tableau, et le fabuliste lui-même ne l'insère
pas toujours en toutes lettres à la fin de son apologue. Das wäre nun
allerdings ein schwerer Vorwurf, wenn er nur auf Fischart auch Anwendung
finden könnte. Von einem Commentare der eigenen Satire ist bei ihm
niemals die Rede; kann schon nicht die Rede sein, aus dem einfachen Grunde,
weil Fischarts Satire nicht persönlich, sondern allgemein ist und in solcher
Art keines Commentares bedarf, da sie von jedermann verstanden wird;
es gibt nur so manche Dinge für Fischart, über welche er zu spotten nicht
vermag und bei denen er von der heitersten Ausgelassenheit plötzlich in den
grollenden Ton des ernsten Mahners überschlägt; und merkwürdig — gerade
diese „moralischen" Stellen sind die schönsten seines Buches!

Wenn das wirklich unkünstlerisch ist, so muß Rabelais freilich ein
größerer Künstler genannt werden, denn er fällt nicht ein einziges Mal
in diesen Fehler, er ist in seiner Possenreißerei einheitlich geblieben, so daß
Heinrich von ihm sagen kann: La peinture est là, vivante, animée;
regardez et concluez, si vous en êtes capable. Es ist aber merkwürdig,
wie wenig Franzosen diese Befähigung besessen haben, trotzdem so viele dieselbe
bei sich vermuteten. Rabelais est un de ces auteurs susceptibles d'avoir
un commentaire plus ample que le texte, so sagt einer seiner Lobredner
und ein anderer meint: „Sagen, man habe Rabelais verstanden, heißt schon,
ihn nicht verstanden haben!" Aber wie man für Alles eine Entschuldigung
finden kann, so hat man auch dafür eine in Bereitschaft: „Rabelais wußte", so
heißt es, „warum er seinen Zeitgenossen bei ernsten Fragen nicht Stand
hielt; wir finden das Wort seines Rätsels nicht, weil er es jenen verbergen mußte; denn einmal wirklich erkannt, wäre er schwerlich als Pfarrer
zu Meudon gestorben: der ernste Satiriker gehörte dem Ketzergerichte der
Kirche, nur der Buffon war unfaßbar."

Hören wir nun, wie Heinrich in seinen Betrachtungen fortfährt: Moqueur en même temps qu'artiste par nature et par tempérament, Rabelais a peint souvent pour le plaisir de peindre, et raillé pour le plaisir de rire. C'est là ce qui le rend inférieur à Molière. Notre grand comique était triste (aber, wie bei Fischart, war es die Absicht zu bessern, die ihm Scherz und Satire auf die zuckenden Lippen legte): Rabelais était un joyeux compère qui a eu l'heureux privilège du génie, et qui a fait parfois des tableaux de maître en ne dessinant que de simples caricatures pour son propre amusement. Dans cette bruyante orgie qui se déroule tout le long de son livre, il y a sans doute une pensée de satire, mais c'est la satire d'un complice. La farce grossière était un voile commode, un ingénieux moyen de s'arroger le droit de tout dire en mettant les rieurs de son côté; c'était aussi un travestissement sous lequel Rabelais était à son aise, et qu'il ne craignait pas de porter.

Man könnte schwerlich in der ganzen französischen Literaturgeschichte noch ein Urtheil über Rabelais finden, welches für den Vergleich desselben mit Fischart so günstig wäre, wie das vorliegende. Jede einzelne Thatsache, welche hier an dem französischen Satiriker gerühmt wird, bezeichnet zu gleicher Zeit in der gleichen Richtung die Ueberlegenheit Fischart's. Und gar noch dieser Vergleich Rabelais' mit Molière. Wenn es überhaupt möglich wäre, daß ein wahrer Kenner Fischart's noch in seinem Urtheile schwanken könnte, Heinrich würde ihn aller Zweifel entheben; denn was er über Rabelais sagt, setzt denselben unter Fischart, und was er über Fischart sagt, kann für den Kenner desselben nicht maßgebend sein, da es entweder völlig unrichtig, oder, wenn in der That bestehend, doch durch eine innere Ursache mehr als hinreichend gerechtfertigt ist, sofern es in so mancher Hinsicht gegen die Forderungen der Kunstkritik verstoßen sollte, wie es z. B. mit der vielgeschmähten, aber auch vielgerühmten Subjektivität Fischart's der Fall ist, die Heinrich in dem Folgenden als breiten Erlaubnißschein seines Tadels aushängt.

Nach einigen subjektiven Bemerkungen über Rabelais fährt Heinrich nämlich weiter: Il est vrai que c'est précisément l'erreur, la grande infériorité de Fischart d'avoir délayé Rabelais pour en tirer une morale pratique. Ses habitudes antérieures l'ont trompé. La satire, en effet, touche par certains points à la prédication et à l'enseignement; c'est une œuvre presque didactique; au contraire le roman, même satirique, est une pure œuvre d'art d'où la morale sans doute ne doit pas être absente, mais où elle doit emprunter, pour se manifester, la seule langue que parlent naturellement les personnages mis en scène, comme dans un tableau, elle n'a d'autre organe possible que le dessin et les couleurs. Diese ganze schöne Vorlesung hat eigentlich gar keinen Zweck, da die Art und Weise, wie Fischart seinen Stoff behandelt hat, den Namen eines Kunstromans völlig ausschließt: es soll sein Gargantua gar kein Kunstroman sein, sondern das, was er eben ist, eine vollkommen subjektive Satire. Dann mag Heinrich aber auch vergessen haben, daß das Werk eines großen Künstlers nicht gerade durch Zeichnung und Farbe allein wirkt, sondern daß es hauptsächlich die Auffassung ist, welche den Erfolg einschlagend macht. Wenn nun ein Sittenmaler, der durch das allgemeine Urtheil als großer Künstler anerkannt ist, sich in der Art seiner Auffassung über das Gang und Gebe hinwegsetzt, so muß man sich zuerst der Absicht klar sein, weßhalb er dieß thut, ehe man über die Thatsache selbst ein abfälliges Urtheil ausspricht und wie Heinrich meint, l'auteur y doit être présent, mais invisible; or Fischart se fait voir et c'est un grand défaut.

III. Abschnitt.

Fischarts geistiger Vorrang vor Rabelais aus inneren und äußeren Gründen.

An all' jenen Zeitläuften, mit denen eine mehr oder weniger durchgreifende Revolution des Volkslebens verbunden war, kann man in ununterbrochener Reihenfolge, vom Beginn der Geschichte bis auf unsere Zeit, die mehr oder weniger deutliche Wahrnehmung machen, wie die Kunst, sei sie nun bildend oder darstellend, deren allgemeine Bestimmung doch keinesfalls die Thätigkeit im Dienste der Tagesgeschichte ist, im Drange der Ereignisse ein Mittel zum Zwecke wird. Wenn man nun sieht, wie diese Thatsache von großen, politischen und geistigen Umwälzungen ganz unzertrennlich ist, so bedarf es gerade nicht einer besonderen kritischen Gutmüthigkeit, um aus diesem unverbrüchlichen Muß einen Entschuldigungsgrund zu formuliren für die vom Standpunkte reiner Kunst aus meistentheils nicht gut zu heißende Art und Weise, in der sich die genannte Thatsache vollzieht.

Zu keiner Zeit tritt aber dieses Heranziehen der Kunst als Mittel so stark zu Tage, wie im Zeitalter der Reformation. Diese herz- und geistumflutende Bewegung war zu riesenhaft, als daß der einzelne, tiefer empfindende Mensch, und sagen wir es nur, der Dichter im Stande gewesen wäre, in ruhiger, aus sich selbst schöpfender Thätigkeit seinem Wollen und Können ein freies, ideales Ziel zu stellen.

Der Blick des Künstlers war ringsum begrenzt und eingeengt durch die Geschichte des Tages, und unwillkürlich mußte sein Auge, sei es nun nach oben oder unten, in den Kreis dieses Rahmens fallen. Unter solchen Umständen mußte natürlich auch das Feld des dichterischen Schaffens ein sehr enges sein; der Weg bis zum gesteckten Ziele war genau bestimmt, und da er so schnell als möglich zurückgelegt werden sollte, so war man in Bezug auf die Mittel und in Bezug auf die Art und Weise der Beförderung nicht gerade wählerisch; man konnte es nicht sein.

Was war da natürlicher, als daß die Kunst fast durchwegs der eigenen, frei schöpferischen Kraft vergaß und sich einfach nur mit der Umformung und Nutzbarmachung eines vorhandenen Materials begnügte. Unter solchen allgemeinen Verhältnissen muß es dann immerhin schon bedeutend erscheinen, wenn ein Dichter, ob auch beschränkt durch den Rahmen seiner Zeit, doch innerhalb desselben einen freieren Ueberblick sich bewahrt und, angeregt durch diesen, seine Thätigkeit nicht auf einen einzelnen, launisch gewählten Punkt forcirt, sondern immer umfassend und immer in bester Absicht die Allgemeinheit im Auge behält; bedeutend muß es erscheinen, wenn er nicht Allbekanntes, Zunächstliegendes und Abgebrauchtes zu seinem Zwecke zwingt, sondern mit kritischem Blicke, geschärft durch ein ausgedehntes Wissen, aus dem weit zerstreuten Materiale das seiner Absicht Tanglichste herauszufinden weiß, sei es sogar außerhalb der Grenzen seiner Sprache.

Daß Fischart vor all seinen Zeitgenossen diese Bedeutung im höchsten Grade für sich in Anspruch nehmen darf, unterliegt keinem Zweifel. Sehen wir ab von seinem Verhältnisse zu Rabelais, so gibt auch anderweitig die Wahl seiner Stoffe und die Art und Weise, wie er sie zu seinem Zwecke verarbeitet, ein beredtes Zeugnis dafür. Es wirft ein charakteristisches Licht auf unseren Dichter, mehr aber noch auf die seelenbewegende Macht jener Zeitströmung, daß sich gerade aus jenen, eben dieser Bewegung dienenden Werken Fischarts, zu denen er die Stoffe von außen herbeigeholt, seine Vollkommenheit am ersichtlichsten hervorringt. Man denke nur an seinen Bienenkorb, sein philosophisch Ehzuchtbüchlein und im weiteren Sinn an sein podagrammisch Trostbüchlein.

Daß aber vor allen Werken Fischarts sein Gargantua in erster Linie steht, darüber ist nicht ein einziges absprechendes Urtheil zu vernehmen; man mag diesen Umstand von vornherein natürlich finden wollen, wenn man sagt, daß Fischart auch einen Meister in seiner Art zum Lehrer gefunden habe; aber man denke nur, daß die Wahl des Lehrers ganz in der Hand des Schülers lag, dessen Urtheil durchaus nicht mehr an den Begriff des Schülerhaften erinnert, wenn es im Stande war, aus der Unzahl der Vorbilder das für die gewollte Absicht brauchbarste herauszufinden.

Es scheint nicht viel mehr als eine lustige Vermutung zu sein, wenn ein Literator ausgesprochen hat, Fischart könne den Roman des Rabelais wohl in den Händen eines vazirenden französischen Emigranten gefunden haben, den eine literarische Vorsehung nach Basel führte.

Es war ja doch, als Fischart sich über die Bearbeitung des Romans machte, schon eine erkleckliche Anzahl von Jahren seit dessen Erscheinen verflossen, und es ist nicht denkbar, daß jenes Buch, welches für Frankreich zum Ereignis geworden war, nicht nach allen Seiten die Grenzen des Landes überschritten hätte. Rabelais' Gargantua und Pantagruel wurde sicherlich in Deutschland vielfältig gelesen, zudem in einer Zeit, wo man schon anfing, französische Sitte und französisches Wesen als Muster zu nehmen.

Man braucht über diesen Punkt durchaus keine Hypothese aufzustellen, sondern einfach das gelten zu lassen, was Fischarts eigene Worte ausdrücken. Er bearbeitete den Rabelais, wie er sagt, aus dem Grunde, da man ihn je wolt Teutsch haben, und um so mehr und um so lieber that er es, da er keinen ungeschickteren Schneider drüber leyden mochte.

Sicherlich ist es kein so unbedeutender Umstand für die Charakteristik Fischarts als Satiriker, daß er gerade den epochemachendsten Roman des Jahrhunderts zu seinen Zwecken benützte, daß er gerade einen Theil der Mode seiner Zeit als Waffe brauchte, um, abgesehen von anderem, eben gegen deren Modethorheiten zu kämpfen. Die begründete Absichtlichkeit dieser Thatsache ist ebenfalls keine Hypothese, sondern Fischart selbst gibt uns wieder den Beleg dafür. Er hat alle Arten und Formen der Satire, vom Altertume bis auf seine Zeit, hinsichtlich ihrer Brauchbarkeit für seinen Zweck untersucht, so erzählt er, aber eine einzelne im ganzen nicht für tauglich finden können. So bringt er denn aus all diesen Arten ein ge=
bachenen Kuchen vnd nach jetziger Welt lauff schöne *Mythologias Pantagruelicas*; denn, so meint Fischart, man muß einem Jeden dienen, womit man ihn kann gewinnen.

Diese beiden Punkte gibt uns der Dichter selbst in die Hand und wir haben wahrlich mehr auch nicht nötig. Es ließen sich allerdings noch so manche innere Gründe aufführen, durch welche Fischart zur Bearbeitung des Rabelais'schen Romans veranlaßt werden konnte; besonders ließe sich der durch Gervinus ausgesprochene Gedanke, Fischart habe in den Helden des französischen Romanes das grobianische Geschlecht um sich her erkannt, in einer für den vorliegenden Zweck wünschenswerten Weise ausführen; doch würde dieser Umstand bereits zu sehr auf das Gebiet der Vermutung hinüber führen, welche gerade hier in möglichster Weise bei Seite gesetzt sein soll.

Diese Untersuchung über die Nutzbarkeit des Stoffes, und dessen Be=arbeitung auf Grund der Ueberzeugung, daß gerade er der Brauchbarste sei, ist die erste Thatsache, welche zu Gunsten Fischarts spricht; denn bei Rabelais kann von der Sorgfalt einer ähnlichen Vorarbeit nicht gesprochen werden.

Er griff eben in einer momentanen Laune aus den Volksmährchen seines
Landes das seinem eigenen Behagen entsprechendste heraus, wobei für ihn
höchstens die einzige Bedingung zu berücksichtigen war, daß ein König in
dem Stücke vorkommen mußte.

Auch Rabelais hatte, nachdem er gewählt, ebenso wie Fischart bereits
ein ausgearbeitetes Schriftwerk vor sich liegen; denn die Behauptung, daß
der alte Gargantua nicht aus der Feder Rabelais' rühre, darf nach den
eingehenden Untersuchungen Brunet's als vollständig zweifellos angesehen
werden.

Rabelais brauchte sich aber auch mit der Verarbeitung des Stoffes
wenig Mühe zu machen. Er hatte ein für allemal die beliebig geänderte Fabel
seines Romanes im Gedächtnisse und schrieb, nachdem er begonnen, in der
Eingebung des Momentes daran weiter. Die zahllosen Widersprüche, welche
sich dadurch erzeugten, daß er in der einen Stunde planlos plauderte, in
der anderen bis zum Extreme persönlich wurde, diese Widersprüche muß man
wohl oder übel mitlaufen lassen.

Jedenfalls aber hatte es hier Rabelais, der mit einheimischem Materiale
arbeitete, in hohem Grade leichter als Fischart, der sich den fremden Stoff
erst völlig zu eigen machen mußte. Wie er dies that, davon gibt sein Werk
Zeugnis.

Man könnte hier die Frage aufwerfen, wie es wohl Rabelais ange-
fangen haben würde, wenn er es nicht so leicht gehabt hätte, wie es wirklich der Fall war, wenn auch er, wie Fischart, sich fremdländisches Material
für das eigene nationale Gefühl und Verständnis hätte zurecht kneten müssen.
Wohl nicht ohne Grund dürfte man die Lösung einer solchen Aufgabe, wie
sie Fischart in ihrer Art gelungen ist, von Seite Rabelais' bezweifeln.
Man ziehe nur einen Vergleich zwischen Rabelais' Pantagrueline prognostication, die nach deutschem Vorbilde geschaffen ist, dessen Verständnis für
den französischen Bearbeiter zudem noch durch die lateinische Sprache ver-
mittelt wurde, und zwischen Fischarts „Aller Praktik Großmutter", welche
der französischen Bearbeitung nachgeschrieben wurde. Hier, wo beiderseits
die oben bestimmte Voraussetzung besteht, fällt ein Vergleich unzweifelhaft
zu Gunsten Fischarts aus.

Bevor man auf eine weitere Wechselbetrachtung eingehen kann, bezüglich Sprache, Manier, innerem Werte u. s. w., ist es von unbedingter Not-
wendigkeit, die Art und Weise, wie Fischart seinen Stoff behandelt hat,
des genaueren noch zu betrachten, wenn auch eine Wiederholung von Einzelnheiten, die bereits früher besprochen wurden, dabei unvermeidlich ist.

Vor allem ist hier die Stelle, an welcher die Subjektivität Fischarts, diese — wie wir sie schon einmal genannt haben — vielgeschmähte, aber noch mehr gerühmte Subjektivität, aus faßbaren Thatsachen vertheidigt werden muß, das heißt vielmehr nachgewiesen werden soll, daß Fischart diese Subjektivität von vorneherein beabsichtigt hat. Denn aus der Erkenntnis, daß eine Formeigenheit, die an und für sich allerdings ein je nach Umständen geringer oder beträchtlicher Fehler genannt werden muß, in begründeter Berücksichtigung eines ganz bestimmten Zweckes zur Anwendung gebracht wurde, entspringt sofort das Zugeständnis eines Ausnahmefalles, was den Begriff eines Fehlers aufhebt.

Die beiden Thatsachen, welche wir hier in Zusammenhalt bringen müssen, sind das Interesse, welches Fischart bei Abfassung seines Buches verfolgte und anderseits die Gründe, durch welche er zur Wahl gerade dieses Stoffes veranlaßt wurde, und die dann auch in der Folge die Art von dessen Behandlung bedingten. Der Zweck, den Fischart bei seiner ganzen Arbeit im Auge hatte, kann allerdings mit wenig Worten nicht begrenzt werden. Will man es aber doch versuchen, so mag man vielleicht sagen, er wollte nichts Anderes, als dem deutschen Volke, an dem sein ganzes Herz hing, einen getreuen Spiegel vorhalten, um die schlummernde Kraft des Guten in ihm zu wecken und sein ganzes Thun und Treiben auf einen edleren Weg zu leiten.

Diese Thatsache steht nun allerdings mit den bereits bekannten Gründen, welche Fischart zur Verdeutschung des Rabelais bewogen, in einem scheinbaren Widerspruche. Jedoch gerade aus diesem Widerspruche kommen wir zu dem Verständnisse jenes Contrastes, der sich in auffallender Weise durch das ganze Werk Fischarts hindurch zieht, des Contrastes zwischen der Behandlung des eigentlichen, übernommenen Romanstoffes und der Beschaffenheit all der eingeschobenen subjektiven Auslassungen. Wie sich aber der oben berührte Widerspruch aus der Aufgabe eines Satirikers im allgemeinen und der weitgehenden Freiheit in der Wahl seiner Mittel erklärt, so wird der Zusammenhalt all der Voraussetzungen von Fischarts Werke diesen letzteren Contrast begreiflich, ja sogar notwendig erscheinen lassen.

Man wollte den Rabelais deutsch haben; das war ein Verlangen der Mode. Schon einzelne andere Autoren vor Fischart mußten es versucht haben, den Roman entweder ganz oder theilweise ins Deutsche zu übertragen, aber diese Versuche fielen höchst unglücklich aus, denn sie waren, wie uns Fischart versichert, wobei wir ihm auch vollen Glauben schenken dürfen, nicht viel oder gar nichts mehr, als Uebersetzungen Wort für Wort, geschaffen in der Weise, „wie man den Donatus exponirt". Erinnert man sich bei diesem Urtheile Fischarts zugleich an seine Satire über die Art, wie damals klassische Studien betrieben wurden (Kapitel 17), so kann man sich wohl eine genügende Vorstellung über die Beschaffenheit dieser Elaborate machen.

Fischart erkannte nun das durch unverdauliche Kost noch gesteigerte Verlangen des Lesepublikums und kam sofort auf den Gedanken, dieses Verlangen als Mittel zum Zwecke auszubeuten. Wie aber leicht zu vermuten ist, wollte der damalige Leser nicht etwa eine deutsche Bearbeitung in der Art, daß die Handlung des Romans auf deutschen Boden verlegt, die Namen peinlich ins Deutsche übertragen, oder überhaupt durch andere deutsche ersetzt wurden, und was alles noch an einer solchen Uebertragung hängt. Man bewunderte eben in Rabelais den Franzosen und wollte in ihm den französischen Autor lesen.

Es lagen nun für Fischart die beiden widersprechenden Aufgaben vor, diesem Wunsche der Leser gerecht zu werden, und dabei doch seiner eigenen Absicht in jeder möglichen Weise vorzuarbeiten. Es galt eine Uebertragung des Rabelais zu liefern, welche für den deutschen Leser immerhin als eine Uebertragung des fremden Autors gelten mußte, während sie doch ihrem Charakter nach „in einen deutschen Model vergossen" und „auf den deutschen Meridian visirt", das heißt, dem deutschen Gefühl und Verständnisse angepaßt sein sollte.

Sehen wir nun, wie Fischart diese doppelte Aufgabe zu lösen sucht. Er beläßt vor allem die Handlung des Romanes ganz an demselben Orte, welchem sie Rabelais zugetheilt hat. Er nimmt an der Handlung selbst im großen und ganzen gar keine Aenderung vor und bringt auch nichts hinzu, was als eine Erweiterung der eigentlichen Fabel gelten könnte; denn einzelne, an und für sich wohl gelungene, aber im Verhältnis zum Ganzen geringfügige Aenderungen in der Situation, wie wir sie schon kennen gelernt haben, oder beigefügte Details, wie der Umstand, daß Fischart eine Winzerin den Sieg der Traubenhüter besingen läßt, oder daß er den Gargantua neben anderen Beschäftigungen sich auch mit der Abrichtung eines Hühnerhundes befassen läßt u. s. w., derartige Einzelnheiten, Nadelstiche auf die Mode der Zeit, können wohl nicht als eine Korrektur der Handlung oder als eine Erweiterung der Fabel gelten.

Worin besteht aber nun die originale Arbeit Fischarts? Vor allem in der Behandlung jener Stellen, welche er, wenn man überhaupt diesen Ausdruck gebrauchen will, nur übersetzt. Dieß sind ausschließlich jene Kapitel oder Kapiteltheile, welche als eine Fortführung der nackten Handlung gelten müssen, oder jene, welche Reflexionen und Gedankenspielereien enthalten, die in unzertrennbarem Zusammenhange stehen mit dem Umstande, daß die Handlung sich auf französischem Boden und unter Franzosen, oder wenigstens französisch benannten Personen vollzieht. (Das letztere gilt z. B. von den Kapiteln über die Bedeutung und den Charakter der Farben „weiß und blau".) An solchen Stellen ist die Zahl der Erweiterungen und originalen Einschaltungen Fischarts im Verhältnis zu dem Umfange, in dem es an anderem Orte geschieht, und selbst im Verhältnis zu der Ausdehnung des betreffenden Kapitels, eine so geringfügige und auch ihrem inneren Werte nach so wenig bedeutende, daß man sie überhaupt nicht in Betracht zu ziehen braucht. Trotzdem tragen auch diese Stellen in dem Werke Fischarts den ausgesprochen deutschen Charakter zur Schau, was nur die Folge des einen, aber sehr bedeutenden Umstandes ist, daß Fischart nicht das Wort, sondern den Gedanken in seine Sprache überträgt.[1]

Bereits in ausgedehnterem Maße tritt die selbstständige und zweckvolle Arbeit Fischarts zu Tage in der Art, wie er die Charaktere des Romans behandelt. Hier finden wir auch wieder ein Unterschiedsmoment zwischen ihm und Rabelais, nur darf man bei dessen Würdigung, wie es ja durchaus bei der Beurtheilung Fischarts mehr oder weniger geschehen muß, die Voraussetzung nicht außer Acht lassen, daß die von Fischart vorgenommenen Aenderungen der Charakteristik weniger im Interesse eines allgemein künstlerischen Zweckes angebracht wurden, sondern eigens für die Empfänglichkeit des deutschen Lesers berechnet waren.

Allerdings hatte hier Rabelais für Fischart schon einen Schritt gethan; denn die Charakterzeichnung gerade der beiden Haupthelden, des Grandgusier und des Gargantua, so wie sie von Rabelais skizzirt war, entspricht weit mehr der ehrlich groben, derben, urwüchsigen Natur des damaligen Deutsch-

---

[1] Bezüglich der Art, wie Fischart die hier bezeichneten Stellen überträgt, wurde bereits früher erwähnt, daß er trotz einer in manchen Fällen ziemlich an den Text angelehnten Uebertragung, doch wieder so manches, und zwar absichtlich beiseite läßt, was für einen Uebersetzer ein bedeutendes Moment sein sollte, z. B. die Treue in der Wiedergabe der Wortspiele ꝛc. In einem Punkte aber hält sich Fischart starr an den französischen Text, in allen Zahlenangaben; man möchte fast meinen zu starr, wenn er überträgt:
R. 37. F. 40. quatre vingt quinze moutons, vierundzwanzig fünfzehn Hämmel.
R. 39. F. 42. pour quatre vingts ou cent ans, 24 oder 100 Jahr.
R. 47. F. 30. six vingts quatorze millions, sechsundzwanzig vierzehn Million.
Einen Grammatikschnitzer dürfte man bei Fischart doch nicht annehmen. Was dann?

tums, als den Persönlichkeiten, die der französische Dichter im Auge hatte. Zudem mußte Fischart in der Studienreise des Gargantua nach Paris einen treffenden Vergleichspunkt gefunden haben für das allmählig sich vollziehende Hinneigen des damaligen deutschen Wesens nach einer verfeinerten, und um es gerade zu sagen, nach französischer Bildung. Wenn man diesen Gargantua des Rabelais betrachtet, so findet man es ganz begreiflich, daß Franz I., trotzdem er das Buch so häufig las, trotz der vielen zutreffenden Einzelheiten, eine Satire auf seine eigene Person nicht zu erkennen vermochte.

Durch wenige, aber geniale Striche brachte Fischart diese Charaktere zu einer unübertrefflichen und im Humor der Karrikatur geradezu köstlichen Portraitähnlichkeit mit der deutschen Natur. Es gelang ihm dies vor allem dadurch, daß er den unangenehm berührenden, ausschweifenden Cynismus, der in allen Figuren Rabelais' liegt, zu einer derbkomischen, ungenirten Gemüthlichkeit wandelte, und indem er diesen Figuren das gab, was ihnen bei Rabelais vor allem mangelt, eine gewisse, wohlgefällige Naivetät der Gefühlsweise und Denkungsart, die ja, abgesehen vom Typus des deutschen Charakters, schließlich in einzelnen Momenten keinem Menschen abgeht, oder abgehen soll.

Diese Thatsache liegt aber für den Leser nicht so klar am Blatte, sondern ergibt sich erst durch aufmerksames Studium der einzelnen Charaktere auf beiden Seiten und durch eine genaue Vergleichung derselben. Man kann also immerhin noch sagen, daß Fischart in Bezug auf diesen Punkt für den Anschein innerhalb des Pflichtkreises eines Uebersetzers verblieb, während er doch kraft der verborgenen Arbeit zu Gunsten seines Zweckes die offene Wirkung für sich hatte.

Ganz anders aber verhält es sich mit jenen Stellen, welche offenbar das allgemeine Interesse berühren, Schilderungen des öffentlichen Lebens enthalten, oder mit jenen, nicht mehr eng in die Handlung eingreifenden Stellen, die bei Rabelais allerdings noch einen Theil der persönlichen Satire bilden, welche aber Fischart, da er von einer solchen vollständig Abstand nahm, ohne Bedenken für sein eigenes Interesse gebrauchen konnte.

Hier sind es kaum mehr Sätze, fast nur Worte, welche an den französischen Text erinnern. Kurze Bemerkungen Rabelais' über französische Zustände verwandeln sich unter der Feder Fischarts in ausgedehnte, umfassende und klare Schilderungen des urdeutschen Lebens. Durch die ganze Art, wie Fischart so alles, was Herz und Leib des Menschen berührt, in den Kreis seiner Betrachtung zieht, wie er jedes Laster, jede Unzukömmlichkeit, jede Unsitte in das grelle Licht seiner Satire setzt, für das der folgende ernste Tadel einen hebenden Hintergrund bildet, durch all' das weht der Hauch einer so glühenden Menschenliebe, wie wir sie bei keinem Satiriker außer ihm zum Durchbruch kommen sehen.

Das sind die Stellen, an welche Fischart seine subjektiven Auslassungen knüpft, über welche breite Worte zu machen ebenso unmöglich, als unnötig ist. Man nehme sein Buch zur Hand und lese diese tief ernsten, von heiterem Scherze wohlthuend unterwechselten Mahnungen jenes deutschen Mannes, deutsch nicht nur im Worte, sondern auch im Herzen, der niemals etwas anderes wollte, als das Beste seiner Mitwelt; man lese seine Worte, die vorerst nichts anderes bezwecken sollen, als das Herz des Lesers in eine Regung versetzen, die dann schon aus sich selbst das Denken auf jene Bahn leitet, auf die es der Dichter gebracht wissen wollte.

Man lese, und wenn sich dann wirklich ein Jemand finden dürfte, dessen Herz von der subjektiven Sprache des Dichters nicht berührt wurde, während er doch die Wahrheit dieser Meinung anerkennen mußte, der möge dann den Tadel aussprechen: „Wohl wahr, der Dichter hat Recht, aber es ist unkünstlerisch, daß er Recht hat." Fischart wollte eben die Wahrheit sagen, und allerdings, die Wahrheit ist nicht immer schön und vielleicht deßhalb auch nicht immer künstlerisch.

Wenn man die Wirkung betrachtet, welche Fischart hervorzubringen im Stande war, und daneben hält, mit welch' ungefügem Materiale er arbeiten mußte, so wird die Wertschätzung von Fischarts Thätigkeit noch höher steigen. Rabelais hatte hier einen bedeutend leichteren Stand. Er erhielt von der ihm vorangehenden Zeit eine verhältnißmäßig ausgebildete Sprache mit einer ziemlich begrenzten Grammatik überliefert, deren Regeln er sich auch im großen und ganzen enge angeschlossen hat; nur der originelle Stil seines satirischen Werkes ist es, der ihn gegenüber der Sprache seiner Zeit eine Sonderstellung einnehmen läßt, wie dies ja überhaupt bei jedem Dichter von größerer Bedeutung der Fall ist.

Man möchte daher auch fast Bedenken hegen, ob der weiterbildende Einfluß Rabelais' auf die Sprache der nachfolgenden Zeit wirklich ein so bedeutender sein kann, wie er meist genannt wird auf Grund des Umstandes, daß seine Werke so vielfältig gelesen wurden; so vielfältig, daß Rabelais selbst noch von seiner *chronicque Gargantuine* sagen konnte: *il en ha esté plus vendu par les imprimeurs en deux moys qu' il ne sera achapté de bibles en neuf ans.* (II plg.).

Es ist wahr, die Sprache Rabelais' zeigt „eine Kühnheit und Schärfe des Gedankens, einen Reichtum der Ausdrücke, eine Biegsamkeit der Syntax und einen unerschöpflichen Fluß der Rede", wie kaum einer seiner Vorgänger das aufzuweisen vermag. Aber mit Ausnahme der grammatikalischen Umstände konnten seine Nachfolger ihm all das nicht ablernen, wenn sie es nicht aus sich selbst heraus zu Stande brachten; und das, was seine Imitatoren ihm nachzumachen versuchten, war ja auch nichts weniger als die Korrektheit seiner Sprache, sondern lediglich das Originelle seines Stoffes und seines Stiles.

Wie schwer dagegen hatte es Fischart. Er stand gerade mitten in der Zeit, zu der man eigentlich erst begonnen hatte, deutsch zu schreiben. Um von der Poesie der neu aufwachsenden Sprache gar nicht zu reden, welche vor Fischart ja ohnedies noch sehr im Argen lag, hatte sich deren Prosa, gemäß den Dingen, von denen sie redete, nur in einem vollen, ernsten und getragenen Tone bewegt, so daß sie die Geschmeidigkeit und Schärfe des Ausdruckes, deren die Sprache des Scherzes bedarf, weder üben konnte, noch wollte. Was man in dieser Richtung zwischen Luther und Fischart geleistet hatte, bildet kaum eine niedere Vorstufe zu jener staunenswerten Höhe, zu welcher sich der Neudichter des Gorgellantua emporarbeitete, trotz der vielfältigen Hindernisse, welche die Jugend des Gegenstandes, der eigene Dialekt und so manch anderer Umstand ihm entgegensetzte.

Ueber die weitgehenden Verdienste, welche sich Fischart um die Ausbildung der deutschen Sprache erworben, ist, wenn auch lange noch nicht vollgenügend, doch so viel auf anderen, einflußreicheren Blättern gehandelt worden, daß an dieser Stelle eine unzureichende Wiederholung des bereits Gesagten nicht versucht werden soll.

Es ist wahr, nicht jeder Sprachhistoriker will die Bedeutung Fischarts in dieser Richtung nach jenem vollen Umfange anerkennen, in welchem er sie von anderen zugetheilt erhielt. Der Tadel jedoch, den man über ihn verhängen konnte, klammert sich lediglich an einzelne Details der Sprache im Gargantua; und wenn ein solcher Tadel ohne jegliche Einschränkung ausgesprochen wurde, so konnte es nur geschehen, wenn man so manches übersah oder übersehen wollte, was gerade im Vereine mit der Absicht des Gargantua die gerügten Mängel entschuldigt.

Fischart schrieb sein Werk nicht für das kritische Feingefühl der nachgeborenen Jahrhunderte, sondern in Berechnung auf das Verständnis seines mitlebenden Volkes und hauptsächlich, indem er zu Gunsten seines Zweckes die Geschmacksliebhabereien seiner Leser kalkulirte. Diesen Umstand mußte man beachten, ehe man über das Eigentümliche und Sonderliche in seinem Werke schalt, und wer es unterließ, möge sich nicht mit der Objectivität des Urtheils schmeicheln.

Wenn Fischart durch all' diese geschmähten „Unförmlichkeiten" das Interesse, oder sagen wir besser, die Neugierde seines Lesers „von allzu mildem Verstande" geweckt hat, dann läßt er sie schon bei Seite und tritt mit einer anderen Redeweise zu Tage. An der Sprachschönheit und Ausdruckskraft solcher Stellen mußte noch kein Kritiker etwas auszusetzen.

Gervinus, der am allerherbsten über diese „Wacken und Klötze" in Fischarts satirischem Stile geurtheilt, schließt dennoch seine Besprechung mit den Worten: „Die deutsche Sprache nimmt sich bei Fischart aus, wie ein Urwald von unmäßiger Zeugungskraft, der unwegsam gemacht ist durch Schlingpflanzen von wuchernder Ueppigkeit und voll sonderbaren Ungeziefers und Gewürms. Aber eben die Kraft ist herrlich und wie ein Göthe bei Hans Sachs für seinen sanften Humor eine Quelle gefunden, so muß ein künftiger Satiriker in diesem Walde Holz ausbeuten."

Man mag aber trotz alledem noch fragen, ob diese „Wörterstelzelungen", wie sie Fischart nur in seinem Gargantua bietet, wirklich so geschmacklos, so gar nichtssagend seien. Man möchte das fast bezweifeln, wenn man Wörterkombinationen zu lesen findet, wie: witzersäufte Gurgelhandtierer, laubblattrauschiger Schrecken, rodenstubnarrisches Spiel, erlexiger Halsherrscher, Bartholomifirung der Unterthanen, großbrodschlindige Freßmäuler, tunkelstubiger Gänsprediger, offenmaulvergessener Zuhörer, augensperriger Stierkopf, verplanetirter Kalenderschädel und hundert andere; oder Wortspiele wie: Pfotengram statt Pedagra, Emplümung statt ἐμβλημα, Affrich für Afrika, Abdecker für Apotheker, Unterauwend für Fundament, Brobfission für Provision, Altwibität für Antiquität und alle die anderen.

Bedeutet es so gar nichts, wenn er die schwäbischen „Maidlin" mit der Bezeichnung belegt: „Sauischwaifischwetzige, schwäbische, froschgoschige Schwatzmäuler?" Liegt wirklich kein Witz darin, wenn Fischart von den Brüdern des Anton usordens sagt: sie sind keine Seeräuber zu Meer, aber Säuräuber zu Land; oder einem Säufer das Glaubensbekenntnis in den Mund legt: Ich bin Kaltwinisch, wann ich ihn kalt habe, und Lutherisch (*luter*, dial. f. *lauter*), wenn er trüb ist. Derartige Beispiele muß man nicht etwa mühsam aus dem ganzen Werke zusammensuchen, sondern man braucht sie nur, wie es hier geschehen ist, von beliebig aufgeschlagenen Blättern abzulesen. Wenn man Fischart in diesen Einzelnheiten, oder überhaupt vollkommen verstehen will, so muß man wohl oder übel von der Manier des heutigen Romanlesers abgehen, der vom ganzen Buche außer den Dialogen nur den Titel zu lesen pflegt. Bei richtiger Lektüre dagegen wird man mit Erstaunen gewahren, wie aus den barocksten und abenteuerlichsten „Wortungeheuern", wie aus der Lampe des Zauberers die beschworenen Geister, der geniale Humor und die beabsichtigte Satire in solcher Klarheit und Schärfe hervorsteigen, daß sie sich vor unsern Augen gleichsam zu Figuren und Bildern gestalten.

Aber nicht nur jedes einzelne unter solchen Wörtern, sondern auch jeder Satz im ganzen will genau gelesen sein, um diese Fülle von Gedanken fassen zu können, die wie Radien eines Kreises vom Umfange zum fest bestimmten Mittelpunkte schießen. Es gewinnt oft den Anschein, als hätte der Dichter absichtlich so eigentümlich konstruirt, um den Leser widerstandslos zu zwingen, auf dem genau vorgezeichneten Wege in ruhigem, aber unausgesetztem Fortschreiten zu dem von ihm gewollten Ziele zu gelangen.

Les periodes du style de Fischart, meint Spach mit einem von Gervinus entlehnten Witze, sont aussi longues que les cheveux de Gargantua. Allerdings, aber Gargantua hätte seine Haare sicherlich geschnitten, wenn er sie nicht gerne lang getragen hätte. „Der Stil Fischarts ist ein wahrer Musterstil für die Satire: in der Regel eine lange Reihe Vordersätze, die priamelartig auf einander gehäuft werden und in der lebhaftesten Bewegung der Komik reimend an einander schlagen, bis sie endlich in einen scharf zugespitzten, oft unerwarteten Schlußsatz auslaufen." Diese Meinung Vilmars sei hier citirt, um nicht mit anderen Worten das Gleiche sagen zu müssen.

In allen Theilen dieses Abschnittes, in denen von Form oder Sprache des deutschen Gargantua gehandelt wurde, ist immer und immer die auf der Basis des Vorausgewollten festbegründete Absichtlichkeit hervorgehoben worden, mit der Fischart durchwegs bei der Ausarbeitung seiner Ideen zu Werke ging. Allerdings ist diese Absichtlichkeit aus der Art und Weise dessen, was er gearbeitet, schon so klar ersichtlich, daß es eines weiteren Beweises für dieselbe nicht mehr bedürfte.

Wenn Fischart nicht gewohnt gewesen wäre, in allem, was Form und Sprache betraf, so planmäßig und sorgfältig zu arbeiten, wie käme er dann dazu, an anderer Stelle (Ehezuchtbüchlein) zu schreiben: Wir sehen doch, das die Poeten vnd grose Redner, zu meiden die vertrüßlichkait, welche ein vbel gestelletes, vnartiges vnd gemaines vngepalirtes Schreiben pflegt zu gebären, sich bedächtlich befleissen, das sie durch artlichkeit schöner erfindung, verständlichkeit der stellung, eigentliche vorbildung der leut sitten, und zur sach bequemliche wolgegründte sprüch, den läser vnd zuhörer aufmuntern, ergetzen vnd einnemmen.

„Höchſt erfreulich und lehrreich iſt es," ſagt Meuſebach, „dem Dichter des Gargantua in den fortlaufenden Verbeſſerungen ſeines Proſaſtiles zu folgen: bis auf das kleinſte Detail herab eine Sorgfalt für den Wohlklang und proſaiſchen Numerus der Rede, wie ſie in ſolcher Feinheit, von ſo unermüdlichem Fleiße zeugend vielleicht nur bei Luther und Fiſchart zu finden iſt."

Nicht nur ein Vergleich des Gargantua von 1575 mit dem von 1594 gibt uns einen Beweis, mit welch ausdauernder Thätigkeit Fiſchart an der Verbeſſerung ſeiner Mutterſprache arbeitete, auch dieſem Beweiſe ſtehen wieder des Dichters eigene Worte zur Seite (Vorrede z. Ehzb.): Keyn größer zierd mag dem Vatterland widerfaren, dann ſo man ſeine Sprach übet vnd ſchmucket. Deshalben ſo laßt vns nit mehr inn zirung des Vatterlands ſo vnachtſam ſein, das wir mehr fremde als vnſere eygene äcker baueten, vnd es mit liederlichen Stroen Hüttlin entſtellten: ſondern laſet vnſer jeden forthin nach vermögen ſeiner im verlihenen gaben, neben den Griechiſchen vnd Latiniſchen Palläſten, auch vnſere die Zeit her vngeachtete Häuſer ſtattlich aufbauen, ja ſo viel möglich demſelbigen zubauen: ſo werden wir erfahren, das Gott, der inn allen Sprachen will gelobt ſein, auch inn vnſerer Sprach wird wunder wirken: wie er dann allbereyt mit der Theology hat erwiſen, das man dieſelbige ſo deutlich, hell vnd reyn als inn andern Sprachen mag leſen: kann er das inn eynem, ſo kann ers auch inn mehrem.

Nach ſolchen Worten wird man nicht mehr lange zweifeln wollen, welchem von beiden Dichtern in dieſer Hinſicht der Vorrang gebührt.

Kommen wir nun auf das letzte Moment des Vergleiches zwiſchen Rabelais und Fiſchart, auf die Geſinnung, die ſich in ihrem Werke ausſpricht, und auf deren ethiſchen Wert.

Voraus würde es hier natürlich vom größten Intereſſe ſein, den Charakter der beiden Dichter ſich gegenüberſtellen zu können, wie er ſich aus ihrem Leben erurtheilen läßt. Leider iſt dies aber eine Unmöglichkeit. Für Rabelais läßt zwar in dieſer Beziehung die Ueberlieferung nicht viel zu wünſchen übrig; die Kunde aber, die wir von Fiſcharts Leben beſitzen, iſt ſo karg, wie nicht leicht bei einem anderen Dichter, den die Ungunſt der Verhältniſſe für Jahrhunderte aus dem Geſichtskreiſe der literariſchen Welt gerückt hatte. Doch das Eine können wir immerhin von unſerem großen Satiriker behaupten, daß ſein verhältnismäßig kurzes Leben reich geweſen an aufopferungsvoller, anſtrengender Thätigkeit und getragen durch eine männliche Geſinnung, deren ächtes Gold der bitterſte Beurtheiler nicht zu bezweifeln wagte.

Bezüglich Rabelais, dessen abenteuerliches Leben ja genugsam bekannt, soll diesen wenigen Worten nur der eine Satz gegenübergestellt werden, den Esmangart über ihn ausspricht: Rabelais a, comme on sait, deux réputations; celle d'un bon plaisant plein de philosophie, et celle d'un bouffon ivrogne et grossier, toutes les deux méritées presque également. Aber selbst aus dem Wenigen zu schließen, was hierüber zu sagen gestattet ist, dürfte unschwer ersichtlich sein, wen wir als Mann mehr wertzuschätzen berechtigt sind, den Bratenschneider und Späßemacher des Pariser Bischofs oder den Amtmann zu Forbach.

In welch klug berechnender Weise Fischart immer und überall, bei allem, was er schrieb, zu Werke ging, ist genugsam bekannt. Bei Rabelais ist von einer kritischen Anordnung des Materiales nicht das Geringste zu gewahren, ebensowenig wie von einer Berechnung in dem Maße seiner Satire. Er hatte das Talent des sprühenden Witzes, dessen Leistungsfähigkeit aber durchaus abhängig war von der Laune der Stunde. „Man erkennt," sagt Bouterwek von ihm, „in allen vorzüglichen Partien seiner Satire den hellen Kopf, der die Thorheiten des menschlichen Lebens im ganzen überschaut und nicht etwa durch individuelle Neckereien sich Luft machen oder durch bloße Possen das Publikum ergetzen will." Diese beiden letzten Beifügungen entspringen allerdings nur der Ansicht Bouterwels, daß man von seinem Werke als von einer durchdachten Personalsatire gegen Franz I. nicht sprechen könne, sondern daß derselbe „offenbar nur eine possenhafte Fiktion ohne allen bestimmten Zweck" sei. „Eine große Idee satirisch auszuführen," so fährt Bouterwek an das obige anknüpfend weiter, „dazu hatte Rabelais nicht Größe des Geistes genug, und das Leben im kleinen mit satirischer Feinheit darzustellen, war sein Geschmack viel zu roh." Was der Natur Rabelais' hier abgesprochen wird, finden wir bei Fischart im ausgebildetsten Maße.

Es soll aber bei Rabelais in Bezug auf die Frage, ob persönliche Satire, ob nicht, die deutsche Kritik hier an dieser Stelle vor der französischen zurücktreten, welch' letztere fast durchgängig diese Frage mit Ja beantwortet. Daß bei Fischart von einer solchen nicht die Rede sein darf, ist klar.

Es frägt sich nun, welche Art von Satire, diejenige Rabelais' oder diejenige Fischarts, in Berücksichtigung der Wirkung, die sie auszuüben vermag, den Vorzug verdient. Persönliche Satire, so lange ihr Rätsel nicht gelöst ist, kann nicht nützen, wenn dies aber geschehen, muß sie verletzen, wodurch eine gute Wirkung schon an und für sich verhindert wird. Vollkommen verschieden davon verhält es sich mit einer Satire, welche immer nur die Allgemeinheit im Auge behält, denn sie trifft, ohne zu verletzen, und pflegt daher gemainiglich ohn nutz nicht abzugehn.

Man spürt inn täglicher Erfarung, sagt Fischart selbst in der Vorrede zum Ehzuchtbüchlein, das inn Menschlichen äuserlichen händelen, nichts die leut alsosehr bewege, ermane, weise vnd lehre, dan so man sie inn jre eygene Natur oder Anartung füret, sie mit jrem angebornen ortheyl vnd Verstand oberzeuget, jnen, wie man gemeynnlich spricht, die Händ im Sack ergreiffet, sie gleichsam mit jrer eygenen klug=geachten vernunft vnd wehr schlägt, vnd jnen jr Natürlich Fiecht, darmit sie sich selbs alsosehr kitzeln, vnter der Mutter herfürziehet, vnd dermasen vnter die Nasen hebet, das sie, es sei jnen lieb oder leyd, sich selbs darvon erkennen vnd darob entweder erschamen vnd sich besseren, oder sich gänzlich aller sinn vnd vernunft begeben.

Allerdings gehört zur Handhabung einer solchen Satire etwas mehr als die Gabe, Witze zu reißen; von allem anderen abgesehen, in erster Linie das aus genauer Menschenkenntnis entspringende, stäte und sichere Bewußtsein des Tones, in welchem sie reden soll, dann wir seind nicht alle gleich gedachen vnd gesinnet, der ein wil zu gutem seyn gebetten, der ander geschlagen vnd getretten, der ein mit lecherlichen Worten vnd geberden, der ander mit vernünfftigen Ursachen darzu oberredt werden. (Vorr. z. Eulenspiegel.)

Solch' klaren Worten braucht nichts weiteres hinzugefügt zu werden, und wir können getrost mit dem Satze schließen:

Fischart ist von höherem geistigen Range als Rabelais.